코칭하는 조직만
살아남는다

코칭하는 조직만 살아남는다(개정판)

초판 1쇄 발행 | 2019년 9월 21일
개정판 2쇄 발행 | 2024년 7월 20일

지은이 | 고현숙 외
펴낸이 | 박상두
편집 | 이현숙
디자인 | 진혜리
제작 | 박홍준
마케팅 | 박현지

펴낸곳 | 두앤북
주소 | 15337 경기도 안산시 단원구 당곡3로 3, 702-801
등록 | 제2018-000033호
전화 | 031-480-3660
팩스 | 02-6488-9898
이메일 | whatiwant100@naver.com

값 | 17,000원
ISBN | 979-11-90255-21-9 03320

SMART COACHING

코칭하는 조직만 살아남는다

개정판

고현숙
김병헌
김혜경
박찬구
배재훈
오효성
유규식
윤여순
정홍길
허남석

두앤북

진화하는 조직내 코칭

조직내 코칭의 철학과 방법을 안내한 책《코칭하는 조직만 살아남는다》가 처음 출간된 지 5년이 지났습니다. 그 5년 동안 여러 조직에서 코칭 교육과 실행이 빠르게 성장해왔습니다. 한국의 대표 기업들인 삼성그룹, 현대차그룹, SK그룹, LG그룹, 롯데그룹에서 모두 사내 코치를 양성하기 시작했고, 현재도 지속되고 있습니다. 많은 중소중견기업들과 공공기관, 의료기관, 대학에서도 코칭 교육이 이루어지고 코치형 리더가 양성되고 있습니다.

이 과정들은 이 책에서 소개한 'SMART코칭 프로그램'을 통해 이루어졌거나, 적어도 그 일부를 활용하고 있습니다. 많은 리더와 관리자들이 SMART코칭을 통해 한국코치협회의 KAC(Korea Associate Coach) 코치 인증자격을 취득하고 있습니다. 또한 여러 조직에서 '상사 - 구성원 간의 원온원(1 on 1) 대화'가 널리 활용되고 있습니다. 원온원대화가 형태를 지칭한다면, 그 내용은 사람을 존중하는 접근법과 질문과 경청, 인정의 대화일 것입니다. 말할 것도 없이 이는 코칭의 한 형태인 수시 코칭대화입니다.

코칭의 확산을 보면서 그동안 한국 사회가 얼마나 새로운 리더십을 희구해 왔는지, 특히 젊은 세대가 얼마나 코칭을 지지하는지를 알게 됩니다. 저자들은 변화 과정을 가까이 목도하면서 큰 영광이자 보람으로 느낍니다.

이 책의 개정판도 이렇게 진화하는 코칭문화에 맞추어 기획되었습니다. 조직에서 많은 관리자들이 코칭하고 있는 현실을 반영하고자 했으며, 사례는 새롭게 개정 혹은 추가했습니다. 또한 코칭이 개별 관리자의 행동을 넘어 조직의 문화와 관행으로 자리 잡기 위한 방법을 소개했습니다.

코칭문화가 정착된 조직의 모습은 어떤 것일까요? 관리자가 코치 역할을 하면서, 구성원의 잠재력을 개발하기 위해서 코칭대화, 원온원대화를 하는 모습이 그려집니다. 하지만 그것이 다일까요?

어떤 면에서 개별 대화보다 더 중요한 것은 함께 일하는 방식 자체가 변화하는 것입니다.

변화한 일터의 모습을 상상해보십시오. 회의 장면은 일방적인 지시를 하는 장이 아니라, 활발히 토의하는 장면으로 바뀝니다. 심리적으로 안전하여 누구나 의견을 표출하고 그것은 존중됩니다. 업무 논의를 하는 데 좋은 질문이 사용되고 협력적인 탐구가 이루어집니다. 아이디어의 교류를 통해 새로운 무엇인가가 만들어지는 생성적 대화(generative dialogue)가 일어납니다. 협력적 탐구와 생성적 대화가 중요한 이유는 결론만이 아니라 토의와 공유의 과정에서 상호 발전을 경험하기 때문입니다. 답이 없는 시대에 최상의 솔루션을 추구하는 데 필수적이죠.

조직내 코칭이 확산되고 사내 코치가 활동을 하면 반드시 필요한 것이 있습니다. 바로 코칭 슈퍼비전입니다. 코칭이 증가하면, 코칭의 질을 유지 향상시키기 위해서 슈퍼비전이 있어야 합니다. 또한 코치들이 다음 단계로 발전할 수 있도록 개발을 지원하고, 그들이 겪는 고민을 성찰의 장에서 회복하도록 돕는 슈퍼비전이 필요합니다. 앞으로 더 많은 조직에서 코칭이 정착되고 각자의 색깔과 형태로 활짝 꽃피우며 조직의 번성에 도움이 되길 바랍니다.

2024. 1.

저자들을 대표하여

고현숙

CEO부터 신입사원까지 코칭을

어떻게 하면 즐겁게 일하면서 성과를 낼 수 있을까? 어떻게 하면 일일이 관여하지 않아도 성과가 향상되는 시스템을 만들 수 있을까? 임파워먼트를 제대로 하려면 어떻게 해야 할까? 인재를 육성하는 최선의 방법은 무엇일까?

리더라면 누구나 이런 질문을 해보았을 것이다. 하지만 질문으로 그치는 경우가 많았을 것이다. 좋은 리더가 되려고 코칭하고 임파워먼트하자고 마음을 먹어도 직원들을 믿고 맡기기가 영 불안하다. 부족해 보이고 의지를 확신하기도 어렵다. 인재 육성 또한 진정한 동기를 갖기가 쉽지 않다. 게다가 당장 해결해야 할 업무들에 치여 직원들과 대화할 시간조차 마련할 수 없다. 바빠 죽겠는데 얘기를 듣고 있을 시간이 어디 있는가.

이게 현실이다. 모든 게 갖춰진 이상적인 조직은 없다. 능력 있고 자발적인 팀원들, 충분한 시간을 주면서 일이 끝나기를 기다려주는 일터는 세상에 없다. 결국 현실과 기대가 어긋난 상황에서 그 간극을 좁히는 게 리더들의 숙명이다.

늘 분주한 가운데서도 후배를 잘 키우는 리더가 있다. “저 팀장님 밑에서 일하고 싶다”고 말하는 직원들이 가리키는 리더다. 이유를 물으면 그 팀장과 함께하면 자신이 성장할 수 있을 것 같다는 답을 가장 많이 한다. 직원들의 신뢰를 받는 리더들에게는 공통점이 있다. 직원들에게 그때그때 필요한 피드백을 해주고 개선된 점을 바로 알아봐준다.

성과를 지속적으로 창출하는 조직을 보면 내부에 일을 효과적으로 하게 하는 문화와 시스템이 갖춰져 있는 경우가 많다. 직원들을 존중하며 자율권을 주되 결과에 책임을 지게 하는 문화와 일과 코칭이 함께 이루어지는 시스템으로 직원들을 성장으로 이끈다. 세계적인 생활용품회사 P&G에서는 경력이 짧은 직원이라도 그가 맡은 일에 대해서는 상사가 함부로 간섭하지 않는다. 어떻게 할 계획인지를 묻고 그에 맞게 코멘트하면서 지원하는 역할에 그친다. 마케팅팀의 경우 어시스턴트매니저가 되면 담당한 브랜드의 손익에 책임을 지도록 한다. 담당자는 원가에서부터 유통채널, 캠페인 등을 종합적으로 고려하여 스스로 일을 챙기고, 결과로 자신의 능력을 보여주어야 한다. 일을 통해 사람을 성장시키는 것이다.

기업들 간 차이를 만드는 요소는 무엇일까? 채용과 평가 시스템, 조직문화 등 수많은 요소들이 모여 차이를 만들지만, 그중에서도 일과 결과를 연결하는 프로토콜이 핵심 요소로 작용한다. 일을 논의하고, 책임을 부여하고, 점검하고, 결과를 평가하는 프로세스와 구성원들 간 커뮤니케이션 방식이 기업마다 다르고 그것이 큰 차이를 낳는다. 서로 존중하며 더 나은 성과를 만들어내는 것이 관건이다. 우리는 조직에서 더 인재를 중시하면서 더 나은 성과를 지속적으로 만들어내는 것이 가능하며, 그것을 작동하게 만드는 것이 '조직의 코칭문화'라고 말한다. 함께 일하면서 팀장이 팀원을 코칭하고 업무를 지원함으로써 인재 육성과 높은 성과를 동시에 가져오기 때문이다.

우리 기업들은 대부분 '빨리빨리' 문화에서 성장해왔다. 리더가 방향을 제시하면 모든 직원들이 일사불란하게 따라가는 지시형 문화에 익숙해져 토론이나 권한위임은 비효율적인 방식으로 치부되었다. 직원과 질문을 주고받으면 리더가 우유부단해서 지시하지 못한다고 말하기도 했다. "그래, 자네 생각은 어떤가? 성과를 높이려면 어떻게 해야 한다고 생각하나?"와 같은 질문은 리더에게 여전히 낯설고 어색하다. 기업에서 코칭이 제대로 작동된 적이 거의 없기 때문이다. 여기서 한 단계 도약해야 한다. 이유는 분명하다. 과거의 방식을 답습해서는 살아남을 수 없기 때문이다. 구성원들도 변하고 있다. MZ세대가 대거 유입되면서 기존의 조직 운영 프로토콜이 더 이상 효과적이지 않게 되었다. 승진보다 워라밸을 중시하는 그들에게 지시 중심의 조직 운영은 효과를 거두기 어렵고 잠재력을 이끌어낼 수도 없다. 그래서 코칭하는 문화가 필요하다.

기업들 사이에서 경영진을 위한 외부 코칭이 점점 확산되고 있다. 전문가들의 피드백을 받으며 리더십 발휘에 코칭이 효과적이라는 사실을 알게 된 경영자들은 안전한 공간에서 솔직하게 고민을 나누며, 자신과 조직의 목표를 명료화하고, 최선의 전략적 선택을 내리며, 구성원들에게 좋은 영향력을 미치는 방법을 코치와 상의한다. 그러면서 많은 성과를 거두고 있다. 전 세계적으로 코칭이 경영자들을 개발하는 최고의 방법론 중 하나로 평가받는 이유다.

이제는 다음 단계로 나아갈 필요가 있다. 건강과 활력을 유지하며 성장을 지속할 수 있는 조직이 되려면 코칭이 조직에 스미게 해야 한다. 그러려면 현장의 리더들이 구성원들을 직접 코칭하는 시스템, 즉 '조직내 코칭(Internal Coaching)'이 필요하다. 일터에서 상시 작동되어 일과 성장이 분리되지 않는 코칭, 성과 향상에 직접적 영향을 주는 코칭이 바로 조직내 코칭이다.

이 책은 조직내 코칭을 위한 구체적 방법론인 '스마트(SMART)코칭'을 다룬다. 코칭을 통해 기업들의 변화와 성장에 기여해온 코치들이 함께 개발한 강력한 코칭 툴이다.

SMART는 코칭을 구성하는 5단계 각각의 앞글자를 따서 만든 개념이다. S는 목표와 현재 공유(Share the Goal & Reality), M은 대안 탐색(Make

Options from the Gap), A는 실행계획(Action Planning), R는 리뷰와 피드백(Review & Feedback), T는 신뢰관계(Trusted Partnership)를 의미한다. SMART코칭은 먼저 구성원과 파트너로서의 신뢰관계를 구축하고, 장단기 목표와 현재 상태를 명확하게 공유하고, 목표와 현실의 갭을 줄일 수 있는 대안을 함께 만들고, 그에 합당한 실행계획을 세우고, 계획의 실행을 리뷰하고 피드백하며, 다시 새로운 목표로 나아가는 진행형 코칭이다.

SMART코칭모델은 기존의 코칭모델과 뚜렷이 다른 점 3가지가 있다. 첫째, 일시적인 코칭대화로 끝나는 일회 완료형이 아니라 결과를 리뷰하고 피드백하며 다시 코칭으로 이어지는 진행형, 즉 온 고잉(on-going) 프로세스라는 것이다. 코칭모델로 널리 쓰이는 GROW모델의 한계를 넘어선다. 둘째, 현장 중심의 코칭 도구로 개인의 성장과 조직의 성과를 목표로 한다. 많은 코칭 도구들이 잠재력 개발에만 초점을 맞추는 데 비해 직접적으로 성과 목표를 다루면서 피드백과 리뷰를 통해 코치와 구성원이 함께 성과에 책임을 지는 진정한 파트너십을 이루게 한다. 셋째, 신뢰관계를 중시한다. 스킬로만 접근하는 코칭은 제대로 작동하지 않고 오히려 역효과를 낳는다. SMART코칭은 코칭에서 가장 중요한 신뢰를 다룸으로써 코칭이 단지 기법이나 커뮤니케이션 도구 이상임을 증명한다.

SMART코칭은 간단하지만 강력한 도구다. 리더의 조직내 코칭을 유효하게 이끌어줄 뿐만 아니라, 구성원들의 강점을 알고 발휘하게 하는 코칭, 집단 지성의 팀코칭 프로세스, 코칭문화 구축에도 효과적으로 작용한다. 코칭하는 조직을 만들고자 하는 리더들에게 확실한 길잡이가 되어줄 것이다.

이 책은 코칭경영원 ACE 코치진의 공동 작품이다. 우리는 그동안 현장의 필요에 맞추어 개발한 SMART코칭을 여러 기업들에 적용해왔고, 코칭교육을 통해 상당수의 조직내 코치들을 배출했다. 그 과정에서 만난 질문과 터득한 지식, 교훈을 공유하게 되어 기쁘다.

ACE 코치진은 다양한 비즈니스 세계에서 풍부한 경력을 쌓고 구성원들을 이끄는 리더로 활동해온 사람들이다. CEO와 임원, 인재 개발과 마케팅 책임자의 역할을 수행하며 현장을 움직인 주역들로 조직과 구성원들에 대한 이해와 애정이 누구보다 깊다. 오랜 기간 전문코치로 기업들의 성과와 성장을 지원해오면서 함께 정리하고 연구하여 내놓은 이 책이 인재 육성과 성과 향상이라는 두 마리 토끼를 잡는 효과적인 도구로 활용되기를 바란다.

ACE 코치진을 대표하여

고현숙

차례

2 강력한 조직환경을 만드는 SMART코칭모델

3장

일이 곧 코칭이고 코칭이 곧 일이다

SMART코칭모델이란

4장

무엇이 코칭의 성패를 좌우하는가

신뢰관계의 구축 그리고 강화

5장

우리는 지금 어디로 가는가

목표와 현재 공유

3 코칭하는 조직만 살아남는다

12장

코칭은 어떻게 문화가 되는가

코칭하는 조직 만들기

S M A R T C O A C H I N G

1

왜 코칭리더십인가

1장

리더십이 바뀌고 있다!

변화의 방향과 필요 역량

리더들에게 "어떤 인재를 원하십니까?" 하고 물으면 "스스로 사고하고 주도적으로 행동할 수 있는 사람"이라고 말한다. 그러나 현실에서는 구성원들의 자발성을 이끌어내지 못하거나 그나마 있는 동기마저 잠재워버리는 경우도 적지 않다. 구성원들이 알아서 움직이기를 바란다고 말하면서도 구체적인 방법을 찾지 못해 결국에는 지시나 잔소리, 질책 같은 방법에 의지하게 된다. 코칭리더십은 이 같은 리더들의 딜레마에 대한 해답을 제시한다.

»»»

유능한 리더는 밀고 당긴다

리더는 정말 중요하다. 리더는 구성원의 몰입도에 결정적인 영향을 미치고, 몰입도는 조직의 성과를 좌우한다. 인재를 키우는 리더가 있고, 구성원의 에너지를 소진시키고 사기를 저하시키는 리더도 있다. 아무리 큰 조직도 리더들의 언행과 그 영향을 통해 조직문화가 조성되기 마련이다.

그래서 조직이 번성하기 위해서는 무엇보다 리더십이 올바로 형성되어야 한다. 똑똑하고 유능하기만 한 사람이 아니라, 유능하되 구성원을 개발하고 동기부여할 수 있는 사람이 리더로 임명되어야 한다. 이를 위해서는 모든 조직의 관리자에 대한 리더십 교육부터 혁신되어야 한다. 고성과 조직을 만들고자 한다면 리더들이 몰입도를 높이는 코치 역할을 할 수 있게 개발되어야 한다. 한마디로 '코치로서의 리더'가 되어야 한다.

코치로서의 리더는 어떤 역할을 해야 할까? 좋은 코치가 따뜻하게 지원하되 고객의 성장을 위해 도전을 하는 것처럼, 역설적인 2가지 측면을 함께 가진 리더십이 요구된다.

첫째는 '도전(challenge)'이다. 보다 높은 성과를 창출하려면 현재에 안주하지 않고 도전하도록 팀원들을 이끌어야 한다. 도전이란 팀원들이 생각하는 것보다 더 크고 훌륭한 결과를 요구하는 것이다. 리더가 이러한 도전을 줄 때 팀원들은 지금껏 가동되지 않은 잠재력을 발휘하게 된다.

둘째는 '지지(support)'다. 지원하면서 인정하고 격려하는 것이다. 리더가 지지하면 팀원들은 안심하고 아이디어를 내어 자발성을 가지고 뛰게 된다.

도전과 지지라는 리더의 2가지 역할은 역설적으로 보이지만 실제로는 모순되지 않게 실행할 수 있다. 평소에 지지를 잘해주며 신뢰를 쌓으면 필요할 때 도전을 주어도 기꺼이 받아들여 잠재력을 발휘한다.

강한 추진력으로 기대 이상의 성과를 내어 능력을 인정받던 팀장이 있었다. 그런데 리더십 진단에서 사람 관리를 못한다는 평가를 받았다. 리더십에 문제가 있다는 지적이었다. 고민 끝에 그는 자신의 장점인 추진력을 포기하기로 했다. 팀원들을 압박하는 지시나 듣기 싫어할 것 같은 이야기를 하지 않기로 했다. 대신 팀원들과의 관계 개선에 신경을 쓰며 좋은 말만 골라서 했다. 상대의 반응을 살피며 적절히 처신하는 가운데 자신의 열정과 에너지는 작아지는 느낌이 들었다. 하지만 팀원들이 원한다면 철저히 따라보자는 마음이었다. 결과는 어땠을까?

1년 뒤, 팀원들의 불평은 확연히 줄어들어 있었다. 그와 함께 업무 성과도 눈에 띄게 줄었다. 납기는 지연되고 마무리는 문제를 일으켰다. 팀원들도 저조한 성과에 다들 어리둥절해했다.

팀장은 어떻게 해야 했을까? 도전과 지지라는 리더십의 양 측면에서 볼 때 팀장에게 필요한 변화는 도전하게 하는 추진력의 약화가 아니라 팀원들에 대한 지지의 강화였다.

사람들이 흔히 잘못 인식하고 있는 것이 있다. 친절하거나 밀어붙이거나 두 길밖에 없다고 생각한다. 그들의 눈에는 양 극단만 보인다. 그렇지 않다. 효과적인 리더십은 역설적인 2가지를 내포한다. 도전과 지지, 밀기(push)와 당기기(pull), 성과(performance)와 관계(relationship)를 동시에 추구하여 역량으로 만든다.

»»»

지금 리더가 알아야 할 것들

변화하는 시대와 더불어 리더십에 대한 요청도 계속 바뀌어왔다. 지금은 어느 방향으로 가고 있고 어떤 변화가 일어나고 있을까? 팀장의 리더십에는 어떤 변화 요인들이 있고, 지금 시대에 필요한 역량은 무엇일까?

새로운 세대의 진입과 다양성 포용

일터의 세대 구성이 달라지고 있다. 갤럽의 조사에 따르면 2017년 현재 전 세계 업무 인력의 38%가 밀레니얼로 최대 그룹을 형성했다. 밀레니얼은 1980~1994년에 태어나 X세대의 뒤를 잇는 세대다. 이들이 경제와 사회, 문화뿐 아니라 기업 경영에도 상당한 영향을 미치고 있다. 지금은 밀레니얼과 함께 그보다 더 젊은 Z세대(1995년 이후~2010년 출생)도 노동시장에 진입하고 있어서 이들을 포함한 MZ세대의 등장이 리더십에도 영향을 주고 있다.

기성세대에게 MZ세대는 헝그리 정신이나 인내심이 없고, 조직에 대한 충성심도 거의 없는 개인주의자들로 비친다. 조그만 불편도 참지 못하는 프로불편러이자, 보상과 평가에 민감한 비교주의자들로 보인다. 하지만 그건 기성세대의 관점일 뿐이다. MZ세대는 역사상 가장 많은 교육을 받은 인류로, 디지털 역량과 사회적 연결 기술 등 4차 산업혁명시대의 성공에 필수적인 특성을 가지고 있다. MZ세대의 특성을 좀 더 구체적으로 알아보자.

첫째, 이들은 일을 최우선시했던 기성세대에 비해 개인의 삶을 중요시한다. 그렇다고 일을 하지 않거나 무임승차하는 것은 아니다. 가치가 있다고 생각하는 일에는 오래 집중하며 완성을 위해 근무시간 외에 일하는 것도 기꺼이 받아들인다.

둘째, 인정 욕구는 세대를 불문하지만, MZ세대는 확실히 더 도드라진다. 이들은 자신이 하는 일에 강한 목표지향성을 보이며 통제력을 갖길 원한다. 지속적인 코칭 속에서 인정해줄 필요가 있다.

셋째, MZ세대 직장인들은 수평적 커뮤니케이션과 재미를 추구한다. 일방적인 지시를 받아들이기 힘들어하고, 형식적인 평가와 부족한 피드백, 복잡한 의사결정 과정, 일의 결과에 대한 무반응을 이해하지 못한다. 아이디어가 오고가는 쌍방향 커뮤니케이션, 분명하고 빠른 피드백이 이들의 몰입도를 올릴 수 있다.

넷째, 일의 가치와 의미를 중요시한다. 이들에게는 금전적 보상 이상으로 하는 일의 의미가 중요하며, 일을 통해 성장하는 것이 중시된다. 그래서 상사의 코치 역할을 기대한다.

조직도 여러 세대의 다양한 특성과 인식을 적극적으로 포용해갈 때 다양해

지는 세상의 요구에 답할 수 있다.

4차 산업혁명이 요구하는 조직의 변화

"미래는 이미 와 있다. 단지 널리 퍼져 있지 않을 뿐이다."

미국의 과학소설가 윌리엄 깁슨(William Gibson)의 말이다. 4차 산업혁명의 변화도 이미 우리들 곁에 와 있다. 20세기 후반의 3차 산업혁명이 컴퓨터와 인터넷 기반의 정보통신혁명이었다면, 4차 산업혁명은 그 위에 인공지능과 사물인터넷, 빅데이터 등의 첨단기술이 융합되어 초연결, 초지능화를 실현함으로써 산업 전반에 혁신적 변화를 가져오는 것이다.

'이제는 VUCA 시대'라는 말이 있다. 변동성(Volatility), 불확실성(Uncertainty), 복잡성(Complexity), 모호성(Ambiguity)의 앞글자를 딴 말이다. 예측하기 어렵고 불확실하고 복잡한 환경에서는 수직적인 구조와 위계적인 절차에 따라 운영되던 과거의 조직 원리가 달라져야 한다. 예측할 수 없으므로 언제든 재빠르게 방향을 수정하고, 정해진 답이 없으므로 자율적으로 최적의 해답을 도출하고, 유연하게 대응하며 협력할 수 있는 조직이 되어야 한다. 수평적 조직, 조직의 유연성, 구성원의 자율성, 창의성과 책임감이 미래 조직 운영의 키워드가 될 것이다.

"기업 내부의 위계질서부터 깨라! 위계질서를 깨야 구성원들이 능동적으로 변하고, 성과로 이어진다."

세계적인 리더십 강사이자 보스턴필하모닉오케스트라의 지휘자인 벤저민 잰더(Benjamin Zander)가 한 말이다. 그의 말대로 미래의 조직은 위계질서를 깨뜨려 평평하게 열려 있지 않으면 생존하기 어려울 것이다. 그런 면에서 영국의 경영사상가이자 《코끼리와 벼룩》의 저자 찰스 핸디(Charles Handy)의 조언을 귀담아 들을 필요가 있다.

"옛 스타일의 코끼리는 앞으로 사라지겠지만, 대기업은 여전히 필요하고 또 그 활동 범위는 더 커질 것입니다. 대기업은 앞으로 살아남기 위해 회사의 주주는 물론이고 아이디어의 소유자에게 충분한 보상을 해야 합니다. 예컨대 직원이 창의력을 발휘할 기회를 사내에서 만들어야 합니다. 작은 코끼리로 성장할 수 있는 그런 작은 프로젝트를 회사에서 직접 키워야 합니다."

»»»

조직의 미래를 좌우할 핵심 역량

환경의 변화는 그에 따른 역량을 요구한다. 미래의 핵심 역량에 대해서는 UN을 비롯한 많은 연구기관들에서 발표했다. 2018년 한국의 대표적 코칭기관인 코칭경영원에서도 전문가들을 중심으로 조사를 실시했는데, 창의성, 개방성, 민첩성 등 3가지 역량이 상위를 차지했다. 정해진 틀 안에서 열심히 하는 것만으로는 부족하고 창의적인 발상으로 과감하게 도전하고 신속하게 움직이는 데 미래의 기회가 있기 때문이다.

또한 이 세 역량에 더해 필수적인 역량이 협업 역량이다. 과제가 복잡해지기 때문에 혼자서 수행할 수 있는 일이 거의 없다. 최근 과학 분야 논문의 90%는 공동 논문일 정도다. 모든 조직에서 협업을 통해 시너지를 내는 것이 필수다. 개인 차원이 아닌 그룹 차원의 역량은 얼마나 다른 사람, 옆 부서, 이해당사자들과 협력을 해내느냐에 달려 있다.

앞으로 인력의 채용과 교육, 배치뿐 아니라 조직문화 구축에서 지대한 영향을 미칠 4가지 역량을 살펴보자.

창의성: 자유롭고 안전한 공간이 먼저

창의성은 천재의 영역이라는 생각이 만연하지만 그건 신화에 불과하다. 《유쾌한 크리에이티브》의 저자 톰 켈리(Tom Kelley)와 데이비드 켈리(David Kelley)는 사람들에게는 생각보다 큰 창의적 잠재력이 있는데 다만 발현되고 있지 않을 뿐이라고 말한다. 대표적인 방해물은 부끄러움과 두려움이다. 사회적 평가와 거부에 대한 두려움이 창의성을 주눅들게 한다. 따라서 어떤 아이디어, 무슨 이야기든 자유롭게 꺼낼 수 있는 안전한 분위기를 만들어주는 것이 창의적 조직을 만드는 핵심이다. 더불어 리더가 직원들의 제안을 적극 이끌어내는 질문을 던지는 등 참여를 독려할 수 있어야 한다. "생각 좀 하고 얘기해", "이미 해봤는데 안 되더라"라는 식의 사기를 저하시키는 반응은 금물이다. "왜 그렇게 생각해?", "흥미로운 관점인데 어떻게 하면 실용적으로 발전시킬 수 있을까?" 등의 질문으로 생각을 확장시켜주어야 한다. 그러는 가운데 창조적 자신감이 길러지고 창의성을 이끌어낼 수 있다.

창의성은 노력과 경험을 통해 키워지는 능력이다. 더 많이 시도하고 고민한 사람이 더 창의적이게 된다. 이를 위한 리더의 역할은 평가와 판단으로 불안감을 조성하지 말고 안전한 공간을 제공하는 것이다. 미국의 실리콘밸리는 2008년부터 '페일콘(FailCon. fail과 conference의 합성어)'으로 불리는 행사를 열어 벤처 사업가들의 실패담을 공유해오고 있는데, 반응이 폭발적이다. 구글은 실패한 프로젝트를 모아 '구글묘지(Google Graveyard)'라는 이름으로 온라인에 올려 공유한다. 이 모두가 결과보다 도전을 장려하고 창조적 자신감을 북돋는 문화를 조성하려는 노력이다.

민첩성: 애자일문화를 만들어라

같은 일을 더 짧은 시간에 해내면 속도가 빠르다고 말한다. 그러나 지금 시대에 요구되는 민첩성은 단순히 속도가 빠른 것만을 의미하지 않는다. 환경에 따라 방향을 유연하게 바꾸고, 상황과 필요에 맞추어 기민하게 대응하는 것을 포함한다. 가변성이 큰 환경에서는 완벽하지 않더라도 제때 결정을 내리고 진행해가면서 수정할 수 있어야 한다. 리스크가 없어질 때까지 기다리다간 기회를 잡을 수 없다. 리더와 구성원들이 피드백을 수시로 주고받으며 필요한 의사결정을 재빨리 내림으로써 일을 한방향으로 정렬시킬 수 있어야 한다. 이것이 바로 환경 변화에 민첩하게 대응하는 애자일(agile)문화다. 애자일문화는 구성원들이 자기 의견을 거리낌없이 말하고, 계획이나 진행 과정에서 나타나는 약간의 차이나 문제점까지 공유하며 조율할 수 있는 대화와 협력 위에서 만들어진다.

민첩성의 가장 큰 장애물은 계획의 과잉, 완벽주의 등이다. 계획을 완벽하게 세우려다 시간을 보내는 것이다. 문화적으로는 하향식 명령이나 수동적인 업무 지시 등 전통적인 조직문화도 민첩성을 방해한다.

민첩성을 발휘하려면 제한된 자원에도 실험을 계속하면서 빠르게 궤도를 수정하며 전진할 수 있어야 한다. 애플, 구글, 페이스북, 아마존 등 세계적인 기업들은 먼저 실행하고, 빨리 실패하는 길을 택하여 오늘에 이르렀다. 실패가 두려워 안전한 길만 따라가는 조직은 민첩성을 발휘할 수 없다.

개방성: 연결을 통해

4차 산업혁명시대는 '초연결'의 시대다. 사람과 사물, 사물과 사물이 서로 연결되어 새로운 데이터를 만들어내고 가치를 창출한다. 그 바탕에 바로 개방성이 있다.

개방성이 높은 사람은 최신 정보와 변화의 흐름에 관심이 많고 수용적이다. 학자들은 그들의 개방성이 상상력과 호기심, 창의성, 포용성, 지적 능력, 예술적 감수성 등과 깊이 연관되어 있다고 말한다.

개방성은 환경과 교육, 문화적 배경 등에 지대한 영향을 받기 때문에 '교양(culture)'이라고 말하기도 하는데, 이를 키우려면 획일적 집단주의나 오래된 관행을 버리고 연결과 소통에 주력해야 한다. 무엇보다 새로운 지식정보의 제공, 부문 간 교류, 역할의 순환, 협업을 위한 환경을 조성하는 일에 힘써야 한다. 또한 조직의 내부 역량에만 의존하면 한계에 봉착하므로 외부의 역량을 적극 끌어들여 활용해야 한다.

P&G는 개방형 혁신프로그램인 'C&D(Connect & Development)'를 통해 다른 기업이나 연구기관과 손을 잡고 다양한 혁신 제품을 내놓는다. C&D는 사내 연구를 기반으로 제품을 개발하는 폐쇄적 방식의 R&D와 달리, 외부 기업이나 개인, 연구소 등과 협력하여 뛰어난 신제품을 선보임으로써 시장의 주목을 받고 있다.

국내에서는 한미약품이 개방형 혁신의 모범을 보이고 있다. 2010년부터 외부연구개발팀을 가동하여 신약을 개발해온 한미약품은 현재 연간 수조 원에 달하는 신약개발기술을 글로벌 제약사들에 수출하고 있다. 더 놀라운 사실은 외부연구개발팀을 통해 개발한 제품의 상업화 성공률이 사내 R&D의 3배에 달한다는 점이다.

이것이 바로 개방형 혁신의 힘이다.

협업: 시너지의 힘

조직내 및 조직 간의 협업과 시너지 효과는 혁신적인 솔루션을 발굴하고 효율성을 높이며 개인 노력의 합을 훨씬 뛰어넘는 가치를 창출할 수 있게 한다.

협업은 단순히 함께 일하는 것 이상으로 공통의 목표를 달성하기 위해 다양한 기술, 관점, 강점을 하나로 모으는 것이다. 여기에는 열린 의사소통, 상호존중, 공유된 비전이 포함된다. 팀이 효과적으로 협업하면 서로의 강점을 활용하고 단점을 보완하며 개별적으로는 불가능한 결과를 얻을 수 있게 된다. 협업은 시너지의 힘이 발휘되는 원천이다. 시너지 효과는 팀의 결합 효과가 개인 노력의 합보다 클 때 발생하게 된다. 부분보다 더 큰 전체를 창조하는 것이다. 이 개념은 생산성, 창의성 및 혁신을 기하급수적으로 향상시킬 수 있기 때문에 경영에 매우 중요하다.

SpaceX와 NASA의 협력은 시너지 효과가 어떻게 기술 및 탐색적 도약을 촉진할 수 있는지 보여주는 대표적인 예다. NASA의 우주 탐험 경험과 우주선 설계 역량에 SpaceX의 혁신적이고 비용 효율적인 접근 방식이 결합되어 우주 여행에 혁명을 일으켰으며 '크루 드래곤(Crew Dragon)' 우주선의 성공적인 발사로 이어졌다.

IBM의 Watson Health와 Cleveland Clinic은 의료 분야에서 인공지능을 활용하기 위해 파트너십을 맺었다. 이 협력을 통해 환자 치료 및 연구 역량이 향상되어 의사가 더 많은 정보를 바탕으로 결정을 내리고 맞춤형 치료 계획을 제공할 수 있게 되었다.

LEGO의 Ideas 플랫폼은 협력적 혁신의 뛰어난 예다. 팬들에게 새로운 제품 아이디어를 제출하고 투표하도록 유도함으로써 LEGO는 사용자 기반의 창의성을 활용하여 강력한 커뮤니티를 육성하고 NASA Apollo Saturn V 세트와 같이 팬 기반이 내장된 제품을 시장에 출시하고 있다.

협업의 힘을 활용하려면 조직이 다음을 수행해야 한다.

- 열린 커뮤니케이션 촉진: 모든 수준에서 투명하고 정직한 대화 장려
- 다양성 포용: 다양한 기술, 배경, 관점 활용
- 명확한 목표 설정: 모든 사람이 팀의 목표를 이해하고 이에 부합하는지 확인
- 상호 존중 장려: 구성원들의 기여를 인정하고 그들의 의견을 소중히 여김
- 팀 구축에 투자: 강력한 팀 빌딩과 관계 구축은 효과적인 협업의 기초

미래로 나아갈수록 협업은 더욱 중요해질 것이다. 원격 작업과 디지털 커뮤니케이션 도구의 등장으로 팀이 점점 더 분산되면서 효과적인 협업이 더욱 어렵고 중요해졌다. 협업의 기술을 숙달할 수 있는 조직은 끊임없이 변화하는 비즈니스 세계에서 혁신하고 적응하며 성공할 수 있는 좋은 위치에 서

게 될 것이다.

결론적으로, 협업을 통한 시너지의 힘은 다양한 재능과 관점을 모아 정말 뛰어난 것을 만들어내는 데 있다. 이러한 원칙을 수용함으로써 조직은 잠재력을 최대한 발휘하고 비교할 수 없는 혁신과 성공의 미래를 위한 길을 열 수 있다.

»»»

오늘의 리더들이 갖춰야 할 리더십

리더들에게 "어떤 인재를 원하십니까?" 하고 물으면 "스스로 사고하고 주도적으로 행동할 수 있는 사람"이라고 말한다. 그러나 현실에서는 구성원들의 자발성을 이끌어내지 못하거나 그나마 있는 동기마저 잠재워버리는 경우도 적지 않다. 구성원들이 알아서 움직이기를 바란다고 말하면서도 구체적인 방법을 찾지 못해 결국에는 지시나 잔소리, 질책 같은 방법에 의지하게 된다. 코칭리더십은 이 같은 리더들의 딜레마에 대한 해답을 제시한다.

코칭리더십은 '구성원의 의식(awareness)과 책임(responsibility)을 불러일으켜 성장과 성과 향상에 영향을 미치는 것'으로 정의할 수 있다. 리더가 진정성과 신뢰를 바탕으로 효과적인 코칭 역량을 발휘하여 구성원들의 잠재력을 이끌어내고, 리더와 구성원들이 함께 목표를 이루어나가는 파트너로서 자발적 지원과 책임을 다할 때 비로소 코칭리더십은 완성될 수 있다.

21세기가 원하는 5가지 리더십

오늘의 리더들이 갖춰야 할 리더십으로 코칭리더십이 주목받는 이유가 있다. 변화한 시대환경에 맞는 리더십이 절실히 요구되기 때문이다.

첫째, 비전 공유의 리더십이다. 함께 비전을 만들어 조직이 나아갈 방향과 달성할 목적을 공유하는 리더십이 필요하다. 그래야 구성원들이 전체적인 일의 의미와 가치를 깨달아 자신이 하는 일에 몰입할 수 있다. 조직이 어디로 가는지 모르는 상태에서는 몰입도 헌신도 기대하기 어렵다. 권한위임도 실패로 끝나게 된다. 부서들끼리 담을 쌓고 불필요한 경쟁을 벌이는 사일로(silo) 현상도 비전이 제대로 공유되지 않은 탓이다. 이러한 문제들을 해결하는 첫걸음이 비전을 공유하는 리더십의 발휘다.

둘째, 자발성을 이끌어내는 리더십이다. 아무리 유능한 상사라도 모든 일을 챙길 수는 없다. 구성원들이 알아서 움직일 수 있게 해야 한다. 그러려면 지시와 명령을 거두고 질문을 통해 구성원들 스스로 생각하고 참여하게 만들어야 한다. 계획이 다소 투박하더라도 그의 판단을 존중해주면 능동적으로 실행하게 된다. 구성원의 자발성이 일을 작품으로 만든다.

셋째, 구성원을 성장시키는 리더십이다. 일시적 성과에 매몰된 조직에서는 구성원들이 성장하지 못한다. 눈앞의 성과가 아닌 지속가능한 성과, 경쟁사들이 모방할 수 없는 차별화된 경쟁력에 초점을 맞춘 조직 운영이 구성원들의 성장을 이끈다. 단기적 성과 평가에 급급하지 말고 목표와 현실의 갭을 확인하고 줄일 수 있는 해법을 함께 찾아서 성과를 실질적으로 개선할 수 있는 리더십이 필요하다. 평가자가 아닌 코치의 모자를 쓰고 구성원들이 일하는 방식에 관심을 기울여 어떻게 하면 더 잘할 수 있는가를 협의하면서 성장을 도와주는 일상적 코칭을 생활화해야 한다. 이것이 진정한 성과 코칭이다.

약점은 관리하고, 강점은 강화하고

넷째, 구성원의 강점을 극대화하는 리더십이다. 사람들은 강점을 강화하기보다 약점을 보완하는 일에 집중하는 경향이 있다. 그렇게 하면 실패를 방지할 수 있을지 모르나, 역량도 성과도 평균에 그칠 가능성이 높다. 미국의 긍정심리학자 로버트 비스워스 디너(Robert Biswas Diener)는 "약점을 보완하는 것은 배의 구멍을 막는 것과 같다. 작은 구멍도 관리하지 않으면 배가 침몰하기 때문이다. 하지만 구멍을 막았다고 해서 배가 앞으로 나아가는 것은 아니다. 배를 나아가게 하는 추진력은 강점을 활용하는 데 있다"고 말한다. 강점에 주목해야 한다. 약점은 적절한 선에서 관리하고 강점을 강화하여 구성원들이 자신의 능력을 최대한 발휘할 수 있게 하는 리더십을 갖춰야 한다.

다섯째, 도전과 혁신의 리더십이다. 지금 우리가 맞고 있는 4차 산업혁명은 과거의 패러다임을 거부한다. 그간의 성공 공식과 비즈니스모델에 머물러서는 성장은커녕 생존도 위험하다. 이제까지 머물렀던 안전지대에서 벗어나 과감히 시도하고 새롭게 바꿀 수 있는 전략과 기업가정신이 더욱 중요해지고 있다. 용기와 책임을 요하는 이 리더십은 조직문화가 뒷받침될 때 나올 수 있다. 온갖 아이디어들이 자유롭게 오가는 속에서 토론하고 실험할 수 있는 안전하고 도전적인 문화, 피드백을 풍부하게 주고받을 수 있는 문화, 즉 코칭문화가 조직에 배어 있어야 한다.

2장

그것은 딜레마가 아니다

코칭리더십과 두 마리의 토끼

성과 향상과 인재 육성은 별개의 이슈가 아니다. 성과를 내는 주체인 사람을 육성하지 않고는 성과 향상이 한계에 부딪힐 수밖에 없기 때문이다. 따라서 이 2가지를 동시에 고려해야 한다. 성과 중심으로 갈 것인가, 인재 중심으로 갈 것인가의 양자택일적 딜레마가 아니라 두 마리 토끼를 다 잡는 통합적 시각으로 접근해야 한다.

»»»

리더가 직접 코칭해야 하는 이유

리더십에 대한 정의는 다양하지만, 결국 '리더가 팔로워들과 함께 공동의 목표를 달성하는 과정에 영향력을 미치는 것'으로 정리할 수 있다. 미국의 경영학자 데슬러(G. Dessler)는 "경영자는 다른 사람들을 통해 자신의 목표를 수행하는 사람"으로 정의했고, 조직이론의 대가인 쿤츠(Harold Koontz)는 "리더십이란 사람들로 하여금 공동 목표를 달성하는 데 따라오게 영향력을 행사하는 것"이라고 말했다. 사람들을 움직여 결과를 만들어내는 것이 리더의 역할이다.

어느 조직에나 영웅은 있다

코칭리더십은 인간에 대한 존중에서 비롯된다. 인간은 누구나 무한한 가능성을 가지고 있으며, 스스로 답을 갖고 있는 존재라는 믿음이 코칭리더십의 출발이다.

구성원의 잠재력을 일깨우는 코칭리더십의 파워를 보여주는 사례가 있다.

그는 회사에서 성과가 최하위인 영업본부를 맡게 되었다. 그의 꼴찌본부에는 이끌고 나가는 리딩그룹이 없었고, 구성원들도 패배의식에 젖어 있었다. 그는 구성원들에게 변화의 필요성을 납득시키고 성공 체험을 통해 자신감을 불어넣는 게 우선이라고 판단했다. 실적을 올리라며 소리를 높여봤자 좋은 결과를 얻을 수 없다고 생각했다.

그는 제일 먼저 '꼴찌본부를 탈피해보자'는 의욕을 갖도록 분위기 만들기에 주력했다. 실적 관리에서 과정 관리, 인적 관리로 방법을 바꾸어가면서 구성원들이 변화의 필요성을 공유하기 시작했고, 분위기가 무르익어가는 가운데 변화를 위한 행동이 필요해졌다. 궁리 끝에 상위 20%와 하위 20%을 움직여보기로 하고, 현장의 우수 사례를 발굴하는 일에 착수했다. 꼴찌본부에도 스타, 즉 영웅은 있다며 발굴된 사례들을 정리해서 조직 전체에 알렸고, 계속해서 더 많은 스타를 소개하여 희망을 북돋아주었다.

스타 발굴은 상위 20%와 하위 20%를 움직이는 데 큰 효과를 발휘했다. 조직의 스타로 소개된 사람은 더 열심히 하려고 했고, 다른 사람들은 "저렇게 무기력했던 사람도 스타가 되는데 나도 못하란 법이 있느냐"며 분발하게 되었다. 이렇게 해서 꼴찌 본부는 2년 만에 회사의 일등본부로 환골탈태했다. 무엇이 성공 요인이었을까?

한마디로 말하면 리더의 성과 관리가 빛을 발한 결과였다. 성과 관리의 기본과 원칙을 정립하여 체계적인 시스템을 만들고, 꼴찌들의 영웅을 내세워 구성원들의 의욕을 자극한 리더십의 승리였다.

영웅과 롤모델은 어느 조직에나 있다. 그렇지만 분위기는 사뭇 다르다. 영웅을 본보기로 삼아 활력이 넘치는 조직이 있고, 영웅 따윈 없이 패배감에 젖은 구성원들이 수동적으로 움직이는 조직이 있다. 차이는 리더십이다. 위의 사례에서도 알 수 있듯이 리더가 영웅의 잠재력을 가진 숨은 원석들을 발굴하여 코칭을 통해 빛나는 보석으로 육성하면 꼴찌조직도 얼마든지 일등조직으로 도약할 수 있다.

리더의 가장 강력한 무기

리더의 생각과 행동은 구성원들에게 큰 영향을 미친다. 관리감독을 강화하면 할수록 구성원들 사이에서 더 많은 관리감독이 필요한 상황이 유발된다. 잠재력은 묻히고 시키는 대로 일하는 것에 익숙해진다. 반대로 리더가 코치가 되어 구성원들을 인정해주고, 스스로 해답을 찾도록 좋은 질문으로 자극을 주고, 말을 경청하며, 필요한 피드백을 제공하면 구성원들이 내면의 지혜를 이끌어내어 새로운 행동을 보이게 된다.

코칭의 파워는 어디에서 나올까?

코칭은 원하는 목표를 성취하도록 돕는다는 점에서 미래지향적이다. 개인도 조직도 현재 놓여 있는 지점이 있고, 가고자 하는 지점이 있다. 현재 있는 곳에서 원하는 곳으로 갈 수 있게 지원하는 것이 코칭이다. 그래서 코칭은 과거의 문제에 집착하지 않고 현재에 집중한다. 어려운 현실이라도 원하는 것이 무엇인지 묻고 함께 목표를 세워 앞으로 나아간다. 그 과정에서 개인과 조직의 목표가 한방향으로 자연스럽게 정렬되고, 의식과 책임 수준이 높아져 업무 몰입도가 향상된다.

또한 코칭은 수평적 관계를 기반으로 문제의 해답을 찾아간다. 코치가 알려주는 것이 아니라 내면에 있는 해답을 발견할 수 있게 도와준다. 물고기를 잡아서 주는 것이 아니라 잡는 법을 터득하게 하는 것이다. 그렇게 해서 코칭 대상자는 주체적으로 생각하고 해결책을 세워서 실행하며 책임을 지는 능동적 인재로 변화한다.

물론 리더에게 코칭만 필요한 것은 아니다. 상황에 따라 지시도 하고 티칭, 컨설팅, 멘토링을 적절히 활용할 줄 알아야 한다. 그렇지만 그 어떤 방법도 자기 스스로 해답을 찾아내도록 돕는 코칭의 파워를 대신하기 어렵다. "원하는 답을 얻기 위해 어떤 행동을 할 수 있을까?"라는 간단한 질문만으로도 사람은 답을 찾아 움직인다. 서점으로 가고, 동료에게 묻고, 사이트를 검색하게 된다. 또한 주어진 답이 아니고 자신이 직접 찾은 답이기에 실행 가능성이 높고, 스스로 깨달은 것이기에 반복하지 않아도 깊은 학습이 일어나게 된다.

구성원을 춤추게 한 코칭리더십

코칭은 리더십에 필수적이지만 아는 것만으로는 무의미하다. 경험이 중요하다. 일터에서 직접 코칭하면서 익혀야 한다.

어느 코치의 경험담이다.

대기업에서 교육을 담당하던 그는 경력사원 채용면접에서 K를 만났다. K는 전 직장에서 의전 업무를 맡았으나 별 흥미를 느끼지 못하다가 교육에 관심을 갖게 되어 기회를 찾다가 과감히 퇴사하고 지원한 것이었다. 긴장한 듯 보였지만 강한 열정을 느낄 수 있었다.

다른 면접관들은 교육 경험이 없다는 이유로 K에게 낮은 점수를 주었지만, 그는 생각이 달랐다. 평소 일에 대한 관심과 열정이 지식이나 경험보다 훨씬 좋은 결과를 낳을 수 있다는 확신을 갖고 있던 그는 주변의 반대를 무릅쓰고 K를 채용했고 자연스레 그의 상사가 되었다.

과장으로 입사한 K는 초반에 열심히 하려는 의지와 배우려는 자세에도 불구하고 적응이 쉽지 않았다. 신입도 아닌 과장이라 챙겨주는 사람도 없었다. 마음대로 일이 풀리지 않으면서 날이 갈수록 의기소침해졌다.

그러던 어느 날 상사가 K과장에게 작은 교육 행사를 진행해보라고 말했다. 그런데 의외로 K과장이 남다른 진행 실력을 보였다. 특히 참가자들의 마음을 읽어내어 그에 맞게 이끄는 공감 능력이 돋보였다. 의기소침한 모습 이면에 감춰진 재능을 발견한 상사는 K과장을 불러 이렇게 이야기했다.

"K과장은 사람들과 소통하는 공감 능력이 탁월해. 머지않아 퍼실리테이터(facilitator)의 롤모델이 될 것 같아."

당시 교육계는 일방적인 강의식 교육에서 탈피하여 교육생들을 주인공으로 참여시켜 스스로 느끼고 배우게 하는 퍼실리테이터 역량에 관심을 쏟던 시기였다. 상사의 말에 K과장은 두 눈을 반짝이며 기쁨에 들뜬 표정을 지었다. 그때부터 K과장의 활약이 시작되었다.

K과장은 자신의 강점인 공감 능력을 한껏 발휘하여 참가자들을 이끌었다.

스스로 입을 열어 자신의 이야기를 하도록 유도하고, 함께 대화하는 분위기를 조성했다. 다른 사람들은 퍼실리테이터식 교육을 부담스러워했지만, 그의 교실은 달랐다. 교육생들의 반응은 폭발적이었고 웃음과 활력이 넘쳐났다. 그가 맡은 반의 만족도는 4.7에서 4.9로, 4.9에서 만점인 5.0으로 기록 갱신을 거듭했다. 그때까지 그를 별로 인정하지 않던 선후배들이 벤치마킹을 위해 그의 교실로 모여들었다. 이후 K과장은 회사의 핵심 인재로 성장했고, 교육 담당자로는 드물게 해외파견까지 나가게 되었다.

퇴임 후 코치가 된 상사는 매년 스승의 날 K과장으로부터 연락을 받는다.

"제 인생의 스승은 두 분입니다. 한 분은 초등학교 때 선생님이고, 다른 한 분은 바로 전무님입니다."

코치는 자신의 이야기를 들려주며 정말로 감사해야 할 사람은 자신이라고 말했다. 갓 팀장을 맡아 업무만 생각하며 성과를 챙기느라 직원들을 뒷전에 두었고, 인재 육성이라는 미명하에 보완점을 지적하며 직원들을 독려하기도 했으나 결과는 그다지 좋지 않았다. 그러던 코치에게 K과장은 큰 깨달음을 주었다.

'사람을 성장시키는 것은 약점이 아니라 강점이고, 자신의 강점이 무엇인지 알려만 주어도 동기부여가 되어 스스로 성장할 수 있다는 것.'

이후로 인재 육성은 더 이상 무겁고 힘든 과제가 아니었다. 관심을 가져주고 인정하고 밀어주니, 크게 힘 안 들이고 성과 향상이 손안에 들어오는 것 같았다. 만일 코치가 K과장에게 "왜 빨리 적응을 못하느냐", "이제는 좀 성과를 내야 하지 않느냐"며 다그쳤다면 어땠을까? 계속 의기소침한 상태로 지내다가 결국 회사를 떠나고 말았을 것이다.

코치의 사례에서 보듯이 자신도 잘 모르는 잠재력을 깨우쳐주고, 가능성을 믿고 일을 맡겨주면 능력을 맘껏 발휘하게 된다. 이처럼 코칭의 기본 원리는 지극히 단순해 보이지만, 가져오는 결과와 영향력은 대단하다. 코칭이 리더십의 답인 이유다.

»»»

코칭리더십은 어떻게 발휘되는가

코칭의 의미는 시대를 넘어 계속 확장되어왔다. 〈옥스퍼드영어사전〉에는 '코치(coach)' 라는 단어가 '교육하다, 훈련하다, 힌트를 주다, 사실을 알려주다'로 정의되어 있다. 1500년대에는 사람들을 현재 있는 곳에서 가고 싶은 곳으로 실어다주는 마차를 가리키는 단어였다. 그리고 1880년대에 이르러 케임브리지의 캠강에서 대학생들에게 노 젓기를 지도하는 사람을 지칭하게 되면서 스포츠 분야에서도 코칭이 쓰이기 시작했다. 이후 사용이 확산되어 비즈니스와 커리어 개발 등 다양한 분야에서 코칭이 널리 회자되었고, 점차 철학과 방법론이 정립되면서 21세기에 가장 인기 있는 인재 개발의 접근법으로 자리 잡기에 이르렀다.

코칭의 3가지 원칙

국제코칭연맹(ICF)은 코칭 철학을 '모든 사람은 온전하고(holistic), 해답을 내부에 가지고 있고(resourceful), 창의적인(creative) 존재로 본다'고 설명한다. 한국코치협회는 코칭을 '개인과 조직의 잠재력을 극대화하여 최상의 가치를 실현할 수 있도록 돕는 수평적 파트너십이다'라고 정의한다. 《마법의 코칭》을 쓴 에노모토 히데타케는 코칭의 원칙을 3가지로 정리한다.

첫째, 모든 사람에게는 무한한 가능성이 있다.

둘째, 그 사람에게 필요한 해답은 모두 그 사람 내부에 있다.

셋째, 해답을 찾기 위해서는 파트너가 필요하다

세계적인 코칭의 대가 존 휘트모어(John Whitmore)는 "21세기 리더들은 지시하고 책임지는 명령자가 아니라, 구성원을 성장시키는 코치가 되어야 하고, 구성원들이 잠재력을 발휘하게끔 하는 오케스트라의 지휘자와 같아야 한다"고 말하며 코칭리더십을 강조한다. 또 "세계는 서열의 질서(hierarchy)에서 자기책임(self-responsibility)으로 진화하고 있다"며 의식과 책임이 성과를 결정짓는 핵심 요소라고 이야기한다.

현장에서 코칭리더십은 이상적인 개념이 아니라 매일매일의 일상 업무를 해나가면서 리더와 구성원의 상호작용 속에서 실현되는 현실적 개념이다. 공동의 목표를 가진 팀장과 팀원 사이에서, 팀워크를 만드는 팀원들 사이에서 이루어지는 커뮤니케이션의 형태이자, 관계의 방식이다.

커뮤니케이션의 측면에서 코칭은 지시와 훈계, 조언을 삼가고, 호기심을 가지고 질문하고 탐구하며 함께 답을 찾아가는 창의적인 프로세스다. 관계의 측면에서는 서로의 존재 가치를 인정하는 수평적 관계이자, 목표를 달성하는 데 함께 책임을 지는 협력적 파트너십이다. 다시 말해서 서로 경청하고, 질문으로 탐구하고, 인정하며 함께 성장해나가는 일이다. 일터를 협력적으로, 창의적으로 만드는 접근법인 것이다.

코칭의 핵심, 의식과 책임

누군가를 효과적으로 코칭한다는 것은 쉬운 일이 아니다. 코치가 옳다고 믿고 진정으로 한 조언이 상대방에게는 '내가 부족하다고 생각하는구나', '나를 믿지 않는구나'라는 실망감을 줄 수 있다. 리더는 완벽한 해결책을 제시했다고 생각하지만, 구성원은 '역시 혼자 결론 내고 내 의견은 듣지도 않으시네'라고 받아들일 수도 있다.

존 휘트모어는 코칭의 핵심을 '의식(awareness)'과 '책임(responsibility)'이라고 말한다. 의식은 자신이 보고 느끼는 것을 주의 깊게 성찰하며 주변에서 일어나는 일을 자각하고 아는 것이다. 의식이 왜 중요할까?

사람은 어떤 행동을 하면서도 별 의식이 없는 경우가 많다. 자동화된 반응, 습관화된 언행, 관성적으로 처리하는 일, 한 번도 의문을 제기하지 않고 당연시하는 관념 등에 지배를 받는다. 예를 들어 협력업체에서 늘 납기를 어겨 곤란을 겪는 직원이 있다고 해보자. 그는 그럴 때마다 일이 막혀 짜증을 내고 좌절감을 느낀다. 업체가 그러는 것은 어쩔 수 없다며 체념한다. 이때 상사가 "업체의 행태에 어떤 원인이 있을까?", "납기를 맞추게 하는 데 도움이 될 방법으로 무엇이 있을까?"라고 질문한다면 어떨까? 분명 협력업체를 관리하는 직원의 의식을 향상시켜줄 것이다. 어떻게 하면 지연 문제를 해결할 수 있을까를 스스로 진지하게 고민하게 될 것이다. '의식'을 갖게 되는 것이다.

책임은 일에 대해 책임감을 갖는 것이다. 책임감은 스스로 선택할 수 있는 기회와 권한이 주어질 때 증가한다. 자신의 생각과 행동에 대한 책임감이 강해지면서 성과가 올라간다. 코치의 역할은 구성원 스스로 책임감을 가지고 다른 사람의 처방이나 지시 없이도 자가발전할 수 있는 능력과 자신감을 길러주는 것이다.

스스로 갖는 책임감이 얼마나 중요한지를 보여주는 이야기가 있다.

실내 전등이 고장 났다. 상사가 직원에게 "창고에 가서 사다리 좀 가져와"라고 지시한다. 그런데 창고에 가보니 사다리가 없다. 직원이 빈손으로 돌아와 "창고에 사다리가 없습니다"라고 보고한다. 상사는 실망하며 속으로 짜증을 낸다.

'아니, 사다리가 없으면 다른 거라도 구해서 가져와야지. 머리를 안 쓰고 진짜 수동적이네!'

하지만 그것은 사다리를 무엇에 쓰려고 하는지 알아야만 가능한 행동이다. 만일 상사가 "전등을 갈아야 하는데 사다리가 필요하네. 창고에 있을 것 같은데 누가 좀 가져다줄래?"라고 요청했다면 누군가 "제가 가져오겠습니다"라며 자리에서 일어났을 것이다. 그리고 사다리가 없더라도 그냥 돌아오지 않고 다른 곳을 찾아보거나 사다리를 대신할 수 있는 물건을 들고 왔을 것이다. 이유가 뭘까? 첫째는 직원이 상황을 인식했기 때문이고, 둘째는 본인이 하겠다고 했으니 책임감을 느꼈을 것이기 때문이다.

사람은 누구나 스스로 선택할 때 진정한 책임을 느낀다. 일찍이 미국의 인본주의 심리학자 매슬로(Abraham H. Maslow)는 사람들이 갖고 있는 욕구(needs)를 계층이론으로 설명했다. 사람들은 중요도에 따라 계층을 이루는 욕구를 가지고 있으며, 순서대로 욕구를 채우는 것을 목표로 한다는 것이다. 이른바 '욕구단계설'이다. 그는 사람의 욕구를 생존의 욕구, 안전의 욕구, 사랑과 소속의 욕구, 존중의 욕구, 자아실현의 욕구 등 5단계로 나누고, 하위 욕구가 충족되면 다음 단계의 욕구를 충족하고자 하며 마침내 자아실현을 향해 나아간다고 보았다.

리더가 이를 인식하는 것은 매우 중요하다. 구성원들이 일하며 사는 것도 알고 보면 이 같은 욕구들을 충족해가는 과정이다. 급여를 받아 생존의 욕구를 해결하고, 안전을 추구하며, 소속감을 통해 사랑의 욕구를 충족하는 것이다. 더 나아가 자신이 한 일에 대해 인정을 받아 존중의 욕구를 충족하고자 하고, 조직과 사회에 뭔가 기여하고 싶다는 목적의식으로 자아실현의 욕구를 달성하려고 한다. 그렇기 때문에 구성원들을 단지 '월급 받기 위해 나와서 일하는 사람'으로 취급해서는 안 된다. 잠재력의 10분의 1도 쓰지 못하게 만들기 때문이다. 소속감을 느끼게 해주고, 인정해주고, 자기존중감을 갖도록 선택권을 주어야 한다. 또한 하는 일의 의미와 목적을 확장시켜 자아실현의 충만감까지 갖도록 해야 한다. 그러면 구성원들의 동기 수준이 지속적으로 향상될 것이고, 개인과 조직이 성장을 거듭하게 될 것이다.

프로이트는 인간의 행복에 가장 중요한 것이 사랑과 일이라고 했다. 일이 가지는 의미가 얼마나 중대한지를 리더가 알아야 한다.

코칭하는 리더는 믿고 맡긴다

코칭의 핵심 요소인 의식과 책임이 구성원의 관점에서 말한 것이라면, 리더의 관점에서는 코칭이 결국 임파워먼트(empowerment)의 형태로 나타나게 된다.

카리스마적 리더십이론으로 유명한 콘거(Jay A. Conger)와 카눈고(R. Kanungo)는 성공적인 리더의 중요한 특성 중 하나가 '비전을 달성하기 위해 부하들을 임파워먼트하는 능력'이라고 주장했다. 임파워먼트는 구성원을 신뢰하고 잠재 능력을 발휘할 수 있는 기회를 주어 성장을 돕는 리더십이다. 흔히 임파워먼트를 '권한위임'이라고 번역하지만, 그 의미는 단지 권한위임만은 아니다. 임파워먼트는 한마디로 '힘을 갖게 하는 것'이다. 반대말은 파워리스(powerless), 즉 무력한 상태다. 임파워먼트는 권한위임이란 의미를 포함하지만 그것에 그치지 않고, 구성원이 일의 동기를 갖게 하는 것, 일할 능력을 갖도록 육성하는 것, 책임감을 갖게 하는 것까지를 포괄한다.

임파워먼트는 상사가 권한을 잃는 것도 주는 것도 아니다. 구성원들에게 이미 존재하지만 규제나 통제에 억눌려 있던 파워를 풀어주고 키워주는 것이다. 다시 말해서 파워가 옮겨가는 것이 아니고 창조되고 확장되는 과정이다. 그래서 임파워먼트는 위임이 아니라 구성원들이 지니고 있는 파워를 훈련하는 것으로부터 출발한다. 조직의 공식적인 권한과, 잠재력을 발휘할 수 있는 권한을 상하좌우에 자유롭게 나누어줌으로써 모든 제약으로부터 해방시켜주는 것이다.

리더들이 임파워먼트를 주저하는 이유는 무엇일까? 권한을 나누기가 싫어서만은 아니다. 구성원에게 차근차근 설명할 시간이 없어서 자신이 직접 해버리는 상사가 있고, 구성원의 실력이 못미덥거나 자신의 통제하에 두어야 안심하는 상사도 있다. 왜곡된 리더상이 임파워먼트를 어렵게 하기도 한다. 과거에는 어떤 이슈든 빠르고 정확하게 판단하여 바로 지시하고 통제하는 리더를 유능하다고 생각했다. 여전히 그런 사람들이 많다. 하지만 그런 가정을 갖고 있으면 임파워먼트를 할 수 없다. 무능하거나 우유부단한 모습으로 보이기 때문이다. 그래서 임파워먼트를 제대로 하려면 유능함에 대한 가정부터 바꾸어야 하고, 리더의 역할에 대한 재정립이 필요하다.

《감성지능》을 쓴 미국 심리학자 대니얼 골먼(Daniel Goleman)은 감성지능을 '자신과 타인의 감정을 인식하고, 스스로 동기를 부여하고, 자신과 자신이 맺는 관계 속에서 감정을 잘 다룰 줄 아는 능력'으로 정의했다. 자신의 감정뿐 아니라 다른 사람의 감정도 인식하고 공감할 줄 아는 능력이 리더에게 필요하다는 뜻이다. 사람들의 다양한 특성과 가치관을 인정해주고 공감하며 긍정적 관계를 유지하는 감성지능으로 리더가 이끌어갈 때 고(高)성과 조직이 된다는 것이 그의 주장이다. 유능한 리더의 역할이 무엇인지 가늠하게 해준다.

»»»

알아서 잘하니 얼마나 즐거워요

H대리는 신입사원 시절부터 눈에 띄었다. 조용하지만 매사에 열심이었다. 힘든 과제를 주어도 선배들이 만들어놓은 보고서를 다 찾아서 공부하고, 선배들을 찾아가 질문하고, 자신의 의견을 녹여 보고서를 작성했다. 이를 신통하게 여긴 상사가 어느 날 대리로서 수행하기에는 버거운 일을 맡겼다. 팀의 내년 사업계획을 짜보라는 것이었다. 결과는 수준급이었다. 상사는 "자네가 잘해낼 줄 알았다. 선배들보다 훨씬 나아. 역시 H대리야!"라며 극구 칭찬했다.

시간이 흘러 부장이 된 H는 "대리 시절 상사가 해주신 말씀이 10년 넘게 나를 이끌어주었다"며 "그때 들은 칭찬도 좋았지만, 그 후로도 유심히 지켜보시고 나라는 사람을 인정해주시는 것에 감동해 '나도 소중한 존재구나'라고 느낄 수 있었고, 어려운 일이 있어도 견디며 신나게 일할 수 있었다"고 말했다. 어찌 보면 특별할 것 없었던 상사의 관심과 인정이 한 사람을 움직이고 헤쳐

나갈 힘을 주었던 것이다.

코칭은 일상적으로 이루어지는 것이다. 정해진 시간에 형식을 갖추어 진행하는 것이 아니다. 업무를 보면서 할 수도 있고, 회식 자리에서 할 수도 있다. 꼭 일대일로 해야 하는 것도 아니다. 팀 또는 그룹 차원에서도 코칭을 활용하면 얼마든지 협력 수준을 높이고 시너지를 낼 수 있다.

팀원들이 발휘한 코칭리더십의 효과

리더만 코칭리더십을 발휘하는 것도 아니다. 팀원들도 서로에게 코칭리더십을 발휘할 수 있다. 실제로 그런 시도를 한 조직이 있다. 직급은 각자 달랐지만 수평적으로 서로를 대하는 자리를 갖게 한 것이다.

먼저 코칭리더십교육을 함께 받고 나서 코칭을 실습하는 가운데 자신이 겪은 어려움과 성공 체험을 공유했다. 이를 통해 구성원들이 서로의 이야기를 경청하고, 상대방의 강점과 특성을 인정하며, 부족한 점도 발전적으로 피드백해줄 수 있는 관계를 만들고자 했다. 개개인의 성장을 넘어 조직 전체의 수준을 향상시키기 위함이었다.

다음은 그 과정이 어떻게 전개되었는지를 생생하게 보여준다.

우선 열린 커뮤니케이션 분위기가 필요했다. 4팀으로 구성된 센터원들을 모두 모이게 한 다음 지속적 성과 향상을 위한 코칭리더십이 필요함을 공유하고, 팀별로 자유롭게 접근해보자고 이야기했다. 회식도 팀의 개성에 맞추어 장소와 메뉴를 선정하자고 하니 게임이라도 하듯 한 팀은 퓨전 스타일로, 다른 팀은 고깃집으로 정했다. 모두가 신나고 재미있어했다.

분위기가 고양되고 나서 팀별로 과제를 선정했다. 한 팀은 '마음 놓고 얘기하고 다 들어주기 대회'를 열었다. 서로 터놓고 하는 말을 경청하기로 한 것인데, 그중 어린 팀원이 말문을 열었다. 팀장이 고집스럽게 전통적인 방식을 고수하는 바람에 느꼈던 갑갑함과 고충을 조심스럽게 털어놓았다. 표현은 중립적이었지만, 일대일 상황에서는 도저히 꺼내기 힘든 이야기였다. 하지만 분위기가 분위기인 만큼 팀장도 순순히 직원의 말을 수용하고 이해했다. 대회는 계속해서 이어졌고, 그 속에서 팀원들은 묘한 변화를 체험하며 서로 감사한 마음으로 하나가 될 수 있었다. 곧이어 팀원들은 '마음 놓고 얘기하고 다 들어주기 대회'를 '아이디어 경진 대회'로 명칭을 바꾸고 너도나도 창의적인 아이디어들을 쏟아내기 시작했다.

다른 팀에서는 '연구 강의'라는 프로젝트를 실시했다. 이 팀은 현장 경험이 필요하다는 이유로 한 계열사에서 영입한 차장 때문에 골머리를 앓고 있었다. 차장은 경험은 풍부했으나 그것을 교육으로 전달하는 데는 매우 미흡했다. 팀원들은 불만이 많았지만 대놓고 말할 수도 없었고, 그러던 중 코칭리더십이 도입되어 연구 강의를 하게 된 것이다. 실제와 똑같이 강의하고 팀원들이 피드백을 전달하기로 했다. 건설적이고 발전적인 피드백이 나왔고, 최선을 다해 준비한 차장의 열성에 지지적 피드백을 보내기도 했다. 전에도 비슷한 형태의 프로젝트는 있었다. 그러나 완전히 딴판이었다. 성과 향상에 도움이 되는 피드백을 나누자고 했지만, 당시에는 모두가 성과 창출에 혈안이 되어 날카로운 지적과 돌아서면 눈물이 날 정도의 가혹한 피드백이 주를 이루었다. 결과는 불을 보듯 뻔한 일이었다.

서로 지지하는 분위기에서 발전적인 피드백이 나오고 당사자도 긍정적으로 받아들이는 법이다. 이렇게 진행된 연구강의는 기대 이상의 효과를 거두었다.

코칭리더십의 효과를 확인한 센터장은 이야기를 하면서도 내내 즐거워했다. 그는 그 과정에서 크게 한 일이 없었다고 했다. 자리에 함께 있어주고 격려하는 정도였는데, 그것으로 충분했다. 그는 성과에 급급하여 늘 할 일로 가득한 체크리스트를 들고 다녔던 사람이었다. 리더라면 지시하고 통제해야 한다고 생각했었던 것이다. 그랬던 그가 코칭리더십을 발휘하면서 과거의 리더상을 지우고 센터원들과 함께 조직의 비전과 전략을 구상하는 데 더 많은 시간을 쏟게 되었다. 임파워링이 되는 모습이다.

»»»

코치형 리더는 코칭만 하지 않는다

코칭적인 접근은 매우 중요하지만, 그렇다고 코칭만으로 조직의 모든 과업을 해결할 수는 없다. 비즈니스 현장에서는 명확하게 지시해야 할 때가 있고, 팀원을 가르쳐야 할 때도 있으며, 인생의 선배로서 멘토링을 해야 할 때도 있다. 전문가로서 컨설팅을 해줄 필요도 있다. 이렇게 리더는 구성원들을 대상으로 다양한 역할을 유연하고 시의적절하게 구사할 수 있어야 한다.

코칭의 인접 영역이라고 할 수 있는 티칭, 카운슬링, 컨설팅, 멘토링과의 비교를 통해 각 접근법과 코칭의 차이점을 알아보자.

먼저 티칭(teaching)은 지식과 답을 알고 있는 사람이 상대방에게 가르쳐 주는 것이다. 한마디로 지식과 정보를 제공하는 일이다. 그런 면에서 티칭은 무언가를 밖에서 안으로 넣어주는 일, 즉 아웃사이드 인(outside-in)의 작업이다. 그에 반해 코칭은 안에 있는 무언가를 밖으로 이끌어내는 일, 즉 인사이드 아웃(inside-out)의 작업이라고 할 수 있다. 티칭할 때는 지식과 정보를 효과적으로 전달하는 게 중요하지만, 코칭할 때는 가르치려는 마음을 내려놓고 상대방의 지혜와 자원에 의존하여 스스로 답을 발견해나가도록 촉진하는 것이 중요하다. 코칭에서는 에고리스(ego-less), 즉 자신의 판단과 에고를 내려놓는 게 필수다.

카운슬링(counseling)은 상담을 통한 심리치료로, 마음의 상처와 문제를 극복하는 일에 초점을 둔다. 사람의 행동과 관계의 패턴은 원가족(original family) 등 그가 자라난 환경의 역동에서 무의식적으로 영향을 받기 마련이다. 그렇기 때문에 카운슬링에서는 과거의 경험과 관계를 탐구하는 데 중점을 두게 되고, 과거지향적인 면이 많다고 할 수 있다. 그에 비해 코칭은 미래지향적 프로세스다. 코칭은 기본적으로 건강한 상태에 있으면서 성장과 변화의 동기를 가진 사람들을 위한 것이다. 그래서 코치는 문제를 해결하기 위해 한 사람의 과거를 여행하거나 지나간 문제 행동을 깊이 들여다보지 않고 사람의 행동을 성숙하게 하는 데 집중한다. 현재 드러난 행동과 그에 관한 피드백을 제공하며, 미래지향적으로 생각하고 스스로 깨닫도록 도움을 준다.

컨설팅(consulting)은 문제를 진단하고 해결책을 제시하는 데 목적이 있다. 전문 지식을 가진 컨설턴트가 상황과 문제를 분석하여 대안을 제시하는 것이다. 물론 제시된 대안을 실행하는 것은 컨설턴트가 아니라 고객의 몫이다. 컨설턴트는 방향을 가르쳐주고 어떤 행동을 취하는 것이 좋은지를 알려주는 역할만 한다. 반면에 코칭은 코칭받는 사람에게 새로운 각도에서 문제를 바라보고 질문을 통해 자신의 해결책을 개발하도록 돕는다. 코칭받는 사람이 변화하거나 목표를 달성할 수 있도록 안내하는 것이 코치의 역할이다. 한마디로 컨설팅이 해결책을 제시하는 것이라면, 코칭은 해결책을 스스로 발견하도록 돕는 것이다. 컨설팅의 문제해결자는 컨설턴트이고, 코칭의 문제해결자는 코칭을 받는 사람이다. 그래서 한 번 컨설팅을 받으면 다음의 문제 상황에서도 다시 컨설턴트를 찾게 되는 경향이 있지만, 코칭을 통해서는 스스로 해결책을 찾고 이를 재생산할 수 있는 프로세스를 공유함으로써 독립적 해결 능력을 갖게 된다.

멘토링(mentoring)은 그리스신화의 전쟁 영웅 오디세우스가 트로이전쟁에 나설 때 아들 텔레마코스를 자신의 친한 친구 '멘토'에게 맡기며 아들의 선생이 되어달라고 요청한 데서 유래한 명칭이다. 오디세우스는 멘토에게 그가 알고 있는 모든 것을 아들에게 가르쳐달라고 부탁했다고 한다. 멘토링은 그렇게 멘토가 자신의 경험과 지혜를 활용하여 조언하고 의견을 제시하며 이끌어주는 일을 일컫게 되었다. 멘토링과 코칭은 많은 유사점이 있다. 둘 다 상대방의 성장을 목적으로 하며, 일대일의 관계를 맺는다. 그렇지만 중요한 차이가 있다. 멘토링은 멘토와 멘티의 관계가 수직적이고 상호 간 인격적 개입이 깊숙이 일어나는 반면, 코칭은 수평적 파트너십의 관계를 유지하며 절대적 권위를 가지고 접근하지 않는다. 사람이 어떻게 성장하고 변화하는지에 대한 기본 원리들을 적용하는 데 중점을 둔다.

»»»

성과도 올리고 인재도 키우고 싶은가?

성과 향상과 인재 육성은 별개의 이슈가 아니다. 성과를 내는 주체인 사람을 육성하지 않으면 성과 향상이 한계에 부딪힐 수밖에 없기 때문이다. 따라서 이 2가지를 동시에 고려해야 한다. 성과 중심으로 갈 것인가, 인재 중심으로 갈 것인가의 양자택일적 딜레마가 아니라 두 마리 토끼를 다 잡는 통합적 시각으로 접근해야 한다.

인재를 육성해야 지속적인 성과를 기대할 수 있다. 그 역도 성립한다. 성과가 지속되어야 인재 육성에 자원을 투자할 수 있다. 이 두 마리 토끼를 잡는 가장 효과적인 방법이 바로 코칭리더십이다. '일을 통한 육성'이 그 위에서 이루어진다. 왜 그럴까?

경력의 사다리에 코칭을 녹여라

아무리 상사가 똑똑하고 훌륭해도 지시하고 통제하는 '나 중심(Me-Centered)'의 리더십으로는 구성원의 잠재력을 이끌어내지 못한다. 시키는 일만 하는 수동적인 존재로 만들기 때문이다. 지시형 리더십으로는 단기간에 일을 완수하게 하여 성과를 낼 수 있을지는 모르지만, 이런 조직문화에서 계속 일해온 구성원들이 어느 날 갑자기 창의적이고 주도적인 인재로 변신하는 것은 불가능하다.

코칭리더십은 이에 반해 '상대방 중심'(You-Centered)의 접근법으로서, 상사가 생각하는 정답을 주입하는 것이 아니라 스스로 답을 찾도록 질문하고, 자극을 주며, 피드백을 통해 성장시키는 것이다. 구성원이 일의 주인이 되도록 자발적 동기를 이끌어내는 방법론이다. 그래서 코칭 위주로 조직을 이끌면 팀 성과를 활성화하고, 조직문화를 신뢰 위주로 개선할 수 있다. 글로벌 기업들에 경영자문 서비스를 제공하는 CEB(Corporate Executive Board)가 실시한 조사에서 리더가 효과적으로 코칭하면 직원들의 성과는 27% 더 향상되고, 이직률은 40% 낮아진다는 결과가 나왔다.

코칭리더십은 미래의 리더를 키우는 훌륭한 도구이기도 하다. 잠재적인 리더를 발굴해서 경력 계획을 세우고 코칭하는 것은 조직의 미래를 위해 인력을 개발하는 가장 확실한 길이다. 신입사원에서 대리, 팀장, 임원, 그리고 회사를 이끌어갈 CEO로 성장해가는 경력 사다리에서 중요한 대목에 코칭이 녹아 있어야 한다. 특히 역할이 바뀔 때, 승진할 때, 새로운 프로젝트를 맡거나 도전적인 과업이 있을 때 코칭을 통해 당사자를 개발해야 한다. 그게 바로 일을 통한 육성이자 인력 개발이다.

코칭이 조직의 언어가 된다면

일을 통해 인재를 육성하고 능력을 개발하려면 무엇보다 조직에서 활용하기 쉽고 실용적인 코칭모델과 프로세스가 있어야 한다. 구성원들 모두가 쉽게 이해하고 공유하며, 공통의 언어로 얘기할 수 있게 하기 위해서다. 여기에 활용할 수 있는 모델로 존 휘트모어의 GROW모델 등이 나와 있지만, 우리 조직들에 더 적합한 코칭모델이 있다. 'SMART코칭모델'이다.

SMART코칭모델은 현업에서의 풍부한 경력과 조직 현장에서의 생생한 코칭 경험을 바탕으로 개발한 모델로, 이미 그 효과성을 입증하고 있다. 이 코칭모델은 국내의 많은 기업과 기관에서 코칭리더십을 교육하고 내부 코치를 양성해온 코치들이 조직내 코칭은 일회적이거나 단기적인 코칭이 아니므로 외부 코칭과 다른 방법론이 필요하다는 공통된 인식에 따라 오랜 기간 공을 들여 만들어낸 작품이다.

이 코칭모델을 통해 조직에서 코칭리더십이 발휘되면 성과와 인재 육성에 긍정적인 변화가 일어난다. 하지만 그게 전부는 아니다. 조직내 코칭이 궁극적으로 지향하는 목표는 코칭문화를 뿌리내리게 하는 것이다. 코칭하는 조직문화가 정착되면 일부 리더의 역할이나 교육프로그램의 효과를 훌쩍 뛰어넘는 강력한 조직환경이 만들어질 수 있다. 서로 경청하고 질문하고 상호 책임을 지는 파트너십의 관계에서 자율성이 극대화되기 때문이다. 코칭이 조직의 언어가 되고 일하는 기준과 방식으로 자리 잡을 수 있게 모든 리더가 나서야 한다.

2

강력한 조직환경을 만드는 SMART코칭모델

3장

일이 곧 코칭이고 코칭이 곧 일이다

SMART코칭모델이란

SMART코칭모델은 조직의 업무 추진 과정에서 상시적으로 자연스럽게 코칭이 이루어지게 함으로써 성과를 달성하는 동시에 인재를 효과적으로 육성할 수 있는 강력한 모델이다. 구성원들의 의식과 역량, 책임감을 높여 개인의 성장과 조직의 성과를 이루는 것이 핵심이다.

»»»

조직의 생산성을 극적으로 높이다: SMART코칭모델의 힘

조직에서 리더와 구성원들은 일상을 공유한다. 매일 얼굴을 맞대고 함께 업무를 진행하면서 결과에 대한 책임을 진다. 그래서 조직내 코칭은 외부 전문가의 임원코칭이나 라이프코칭과 여러 면에서 다르다.

먼저, 외부 코칭은 계약 조건에 따라 진행되지만, 조직내 코칭은 지속적인 업무들 속에서 이루어진다. 또 객관적인 진단 결과를 주로 활용하는 외부 코칭과 달리, 내부 코칭은 직접적인 업무관계에서 피드백을 중심으로 진행된다. 그리고 외부 코칭은 실행에 대해 고객이 책임을 지지만, 조직내 코칭에서는 리더와 구성원이 상호 책임을 진다. 외부 코칭은 '개발(development)'에, 조직내 코칭은 업무 성과와 관계에 보다 초점을 맞춘다는 점에서도 차이가 있다.

SMART코칭모델은 이러한 조직내 코칭에 최적화된 모델로서, 업무와 조직내 관계는 물론 커리어 개발까지 포괄한다. 구성원과 함께 성과 목표를 정하여 자발적으로 실행하고, 대안을 탐색하여 새로운 가능성을 모색하고, 모두가 주인의식을 가지고 몰입하는 것이 가능하다. 따라서 이 모델을 익히면 이 시대에 꼭 필요한 리더의 핵심 역량을 갖추게 된다.

이미 코칭을 잘하고 있다?

리더들이 코칭할 때 흔히 혼동하는 것이 있다. 조언이나 충고를 코칭으로 착각하는 것이다. 심지어 업무 지시도 코칭의 일환으로 여기는 리더가 있다. 조직내 코칭에 대한 이해가 부족하여 코칭다운 코칭을 하지 못하는 것이다. 이에 대해 미국의 코칭 전문가 토머스 크레인(Thomas G. Crane)은 코칭문화가 없는 전통적인 조직의 특징으로 '상사가 자신이 이미 코칭을 잘하고 있다고 생각하는 것'이라고 지적하기도 했다.

어떻게 하면 일터에서 코칭다운 코칭을 할 수 있을까? 지적과 평가를 받는 불편한 관계가 아니라 서로에게 유익한 상호 존중의 대화는 어떻게 가능할까? 조직의 성과와 성장에 초점을 맞추는 생산적인 조직문화는 어디에서 비롯되는 것일까?

이 질문에 대한 답을 제시하는 것이 코칭모델이다. 대화와 실행의 표준 프레임워크가 있어서 누구나 어렵지 않게 익혀서 활용할 수 있다. 반복적으로 활용하면 자연스럽게 체득하여 혼동하지 않고 일관되게 코칭해나갈 수 있고, 그러면서 자신만의 코칭 스타일을 완성할 수 있게 된다. 이것이 코칭모델의 힘이다.

리더의 코칭대화가 조직을 바꾼다

그렇다면 코칭모델의 핵심이라고도 할 수 있는 코칭대화는 어떻게 정의할 수 있을까? 코칭대화는 일반적인 대화와 3가지 면에서 다르다.

첫째, 코칭대화는 분명한 코칭의 철학 위에서 전개된다. 지시나 조언이 아니라 상대방이 스스로 생각하여 해답을 찾을 수 있도록 지원함으로써 성장을 촉진한다.

둘째, 코칭대화는 구조화된 대화다. 원하는 결과를 효과적으로 생산해내는 구조와 방법을 내포하고 있다. 이슈를 명료화하여 초점을 맞추고, 주제에서 벗어나면 다시 돌아오게 하는 복원력을 가지고 있다.

셋째, 핵심적인 커뮤니케이션 스킬이 녹아 있다. 경청과 질문, 메시징, 인정과 축하 방법이 유기적으로 작동한다. 그런 면에서 코칭대화는 예술적인 커뮤니케이션이라고 할 수 있다.

리더가 이러한 코칭대화를 능숙하게 활용한다면 조직의 분위기와 업무의 생산성이 극적으로 달라지는 것을 확인할 수 있을 것이다.

»»»

일터에 최적화되다: SMART코칭모델 활용법

지금까지 알려진 코칭모델들은 일회적인 코칭 세션을 상정하여 코칭대화의 프로세스를 제공하는 것에 초점이 맞춰져 있다. SMART코칭모델은 그런 점에서 기존의 코칭모델들과 확연히 다르다. 일과 사람의 관계, 즉 일터에서의 코칭(workplace coaching)에 맞게 최적화된 코칭모델이다. 성과 향상과 인재 육성을 위해 종합적으로 설계된 모델이기 때문에 전략 수립이나 성과 관리의 도구로도 활용할 수 있다.

성과 관리와 인재 개발을 위한 최고의 도구

SMART코칭모델의 활용 부분을 상술하면 다음과 같다.

• 일회적 대화가 아닌 지속적인 코칭모델: SMART코칭모델은 한 번의 코

칭대화로 완결되는 게 아닌, 지속되는 일상의 업무관계에서 활용할 수 있다. 이뿐만 아니라 중요 프로젝트나 특정 과제의 해결처럼 일정 기간에 걸쳐 성과를 내야 하는 경우에도 적용할 수 있다.

- 성과 관리모델: SMART코칭모델은 도전적인 목표의 수립과 공유, 창의적인 대안 창출, 현실적인 실행계획과 피드백의 프로세스로, 성과 관리에 최선의 수단으로 쓰일 수 있다. 현실 분석-목표와의 갭 분석-실행계획 수립-실행-평가의 프로세스를 통해 조직의 성과를 효율적으로 관리할 수 있다.
- 전략 수립과 점검: SMART코칭모델은 잠재력을 극대화하는 도전적인 목표 수립과 달성을 위한 전략, 계획, 실행 방법을 개발하는 도구로 활용할 수 있다. 목표는 간단할 수도 복잡할 수도 있는데, 이를 달성하려면 방법을 체계화한 전략이 중요하다. 목표와 현재의 차이를 명확히 하고, 창의적인 대안을 창출하고, 효과적인 실행계획을 수립하여 시스템을 구축하는 전략의 수립과 점검에 SMART코칭모델은 최고의 도구일 수 있다.
- 인재 개발: SMART코칭모델은 구성원을 육성하고자 할 때 유용한 도구로 활용할 수 있다. 현재 상태에 대한 피드백을 넘어 구성원의 성장 목표를 확인하고 현재와의 갭을 좁힐 수 있는 대안을 스스로 발굴하도록 지원하여 동기부여와 몰입을 강화할 수 있다. 또한 현장에서 일상적으로 원온원대화를 하거나, 구성원의 커리어를 성장시키는 대화에도 최적화된 대화모델이라 할 수 있다.

프로세스와 역량을 결합하다

조직내 코칭을 위한 SMART코칭모델은 다음과 같은 요소로 구성된다.

- 목표와 현재 공유(Share the Goal & Reality)
- 대안 탐색(Make Options from the Gap)
- 실행계획(Action Planning)
- 리뷰와 피드백(Review & Feedback)
- 신뢰관계(Trusted Partnership)

이와 같은 구성 요소들에 대해서는 뒤에서 구체적으로 다룰 것이다. 그런데 신뢰관계는 왜 SMART코칭모델의 정중앙에 있을까? 코칭의 시작과 끝을 포함한 프로세스 전반에 영향을 미치며 코칭의 성패를 좌우하는 핵심 요소이기 때문이다. 상대방에 대한 관심과 긍정적 시각, 알아차림과 지원 등 코칭의 수준이 코치와 코칭받는 사람 사이의 신뢰에 달려 있다.

다른 코칭모델과 달리 신뢰관계를 우선하는 SMART코칭모델의 또 다른 두드러진 특징은 프로세스와 역량이 결합된 모델이라는 점이다. 코칭의 각 단계와 그에 필요한 역량을 연결하여 제시함으로써 통합적 관점의 코칭모델을 체계화했다. 물론 이것은 일목요연한 정리 차원에서 제시한 것일 뿐, 단계별로 필요 역량이 다르다는 뜻이 아니다. 이를테면 리뷰와 피드백 단계에서는 피드백 스킬만이 아니라 경청과 질문 역량도 필요하다. 신뢰관계의 구축 단계에서도 상대방의 생각을 확인하고 존중하는 열린 질문이 요구된다. 이처럼 각각의 필요 역량은 다른 단계에서도 쓰일 수 있다.

구분	프로세스	역량
0	신뢰관계 구축(T)	안전감 조성, 인정, 경청
1	목표와 현재 공유(S)	질문
2	대안 탐색(M)	관점 전환
3	실행계획(A)	실행(시스템) 촉진
4	리뷰와 피드백(R)	중립적 언어, 피드백 스킬
5	신뢰관계 심화(T)	프레즌스, 일깨우기, 감사 나누기

»»»

코칭대화의 프로세스(예시)

코칭대화는 어떻게 시작해서 어떻게 마무리하는 게 좋을까? 코칭대화의 전개는 다루는 주제나 각자의 스타일, 관계의 특성에 따라 달라질 수 있다. 처음에는 어색할 수도 있고, 경청의 중요성을 인식하여 듣기에만 집중하다가 자칫 초점 없는 대화로 흘러갈 수도 있다. 그래서 대화의 중심을 잡아줄 프로세스가 필요하다.

아래에 SMART코칭모델에 따른 코칭대화의 프로세스를 예시한다. 이 프로세스를 그대로 따라 하지 않더라도 각 단계의 핵심을 파악하여 상황에 맞게 응용하면 의도한 방향대로 효과적인 코칭대화를 할 수 있을 것이다.

1. 대화 준비: 친밀감과 신뢰 형성, 주제 확인
2. 목표 확인: 코칭을 통해 달성하고자 하는 목표를 명확히 공유
3. 현재 인식: 설정한 목표에 비추어 현재의 상태 분석
4. 대안 탐색: 목표와 현재 상태의 갭을 해소하기 위한 다양한 방안 강구
5. 실행계획: 선택한 해결 방안에 따라 목표를 달성하기 위한 구체적인 계획을 세우고, 장애 요인 점검

6. 리뷰&피드백(마무리): 실행에 필요한 지원사항을 확인하고, 대화 내용 요약, 정리

이어서 코칭대화의 각 단계에서 유용하게 쓸 수 있는 대표 질문을 예시한다. 이 질문을 중심으로 대화를 전개하면 초점을 잃지 않고 의미 있는 코칭을 할 수 있다.

구분	질문
대화 준비	(필요 시) 코칭대화는 당신을 돕기 위한 것이고, 비밀이 유지됩니다. 안전하게 진솔한 얘기를 할 수 있게 저도 최선을 다하겠습니다. ✓ 최근에 특별한 일(좋은 일, 관심사 등)이 있었다면 무엇인가요? ✓ 어떤 주제로 얘기할까요? ✓ 오늘은 OOO 주제에 대해 이야기를 나누려고 하는데, 어떤가요?
목표 확인	✓ 우리가 이루어야 할 목표가 무엇인지 점검해볼까요? ✓ 이 이슈가 가장 이상적으로 해결된 상태는 어떤 모습일까요? ✓ 목표가 이루어지면 어떤 영향이 있을까요? ✓ 목표의 달성 정도를 평가하는 기준은 무엇인가요?
현재 인식	✓ 현재 상황은 어떻습니까? ✓ 목표를 이룬 상태가 100점이라면 현재는 몇 점인가요? ✓ 현재 상태의 원인이 있다면 무엇인가요? ✓ 더 근본적인 원인으로는 어떤 것이 있을까요?
대안 탐색	✓ 지금까지 시도해본 것은 무엇인가요? ✓ 직간접적인 경험을 통해 얻은 교훈이 있다면 무엇인가요? ✓ 만약 자원이 문제가 안 된다면 무엇을 할 수 있을까요? ✓ 새롭게 무엇을 시도할 수 있을까요? 다른 방안으로는 어떤 것이 있을까요? (좋은 아이디어가 나올 때까지 질문 반복) ✓ 떠오르는 게 없다면 함께 대안을 브레인스토밍해볼까요? ✓ OOO 방안이 있는데 어떤가요? ✓ 마지막으로 한 가지 더 시도한다면 어떤 방안이 있을까요?

실행계획	✓ 생각해낸 여러 방안 중에서 집중할 것을 (하나) 선택한다면 무엇인가요? ✓ 구체적으로 계획을 세워볼까요? ✓ 지금 당장 무엇부터 시작하면 될까요? ✓ 예상되는 장애는 무엇이고 어떻게 해결할 수 있을까요? ✓ 저의 지원이나 다른 도움이 필요한 부분은 무엇인가요?
리뷰 & 피드백 (마무리)	✓ 오늘 대화에서 본인에게 의미 있었던 것은 무엇인가요? ✓ 언제 다시 점검할까요? ✓ 무엇을 언제까지 하기로 했는지 정리해볼까요?

4장

무엇이 코칭의 성패를 좌우하는가

신뢰관계의 구축 그리고 강화

신뢰는 존중과 인정으로 쌓인다. 존중은 상대방을 온전하게 한 사람으로 대하는 것이다. 인정은 결과가 완벽하지 않아도 그간의 노력을 알아주는 것이다. 그런데도 신뢰 때문에 많은 문제가 발생한다. 왜 그럴까?

»»»

SMART코칭은 '신뢰'로 시작한다

신뢰관계는 코칭의 토대라고 할 수 있다. 코칭의 시작부터 마무리까지 모든 과정에 있어야 할 필수 요소다.

SMART코칭은 시작 단계에서 두 사람 사이의 신뢰 수준을 점검하여 신뢰가 부족하면 이를 구축하는 일에 집중한다. 이것이 다른 코칭모델들과 뚜렷이 차별화되는 부분이다.

조직내 코칭에서는 팀장과 팀원 사이의 신뢰 수준이 코칭의 효과에 결정적인 영향을 미친다. 팀장이 아무리 멋진 미사여구를 동원한다 해도 그 자체로 영향을 주기는 쉽지 않다. 같은 공간에서 함께 일하는 구성원들이 평소 그가 어떻게 행동하는지를 보고 알기 때문이다. 어떤 가식이나 가면도 통하지 않는다. 그래서 리더의 진정성이 중요하고 신뢰가 필요하다.

신뢰가 속도와 비용을 결정한다

하버드 경영대학원 교수인 데이비드 H. 마이스터(David H. Maister)의 신뢰방정식(David Maister, 2000)을 통해 신뢰가 어떻게 형성되는지 알아보자.

신뢰방정식에 따르면 신뢰성(Trustworthiness)은 4가지 요소, 즉 공신력(Credibility), 믿음(Reliability), 친밀감(Intimacy), 자기중심성(Self-Orientation)이 작용한 결과다.

$$\underset{\text{Trustworthiness}}{\mathbf{T}} = \frac{\text{Credibility} + \text{Reliability} + \text{Intimacy}}{\text{Self-Orientation}}$$

각 요소의 상세한 내용은 다음과 같다.

공신력(Credibility)은 사람이 가지고 있는 역량, 전문성, 그리고 기술과 지식에 기반한 신뢰를 뜻한다. 믿음(Reliability)은 약속과 시간을 잘 지키는 등 그 사람의 일관성을 믿는다는 뜻이다. 친밀감(Intimacy)은 관계에서의 친밀감을 의미한다. 아무리 리더가 전문성이 뛰어나고 훌륭한 성품을 가진 사람이라도 구성원들에 대한 관심이 없고 눈길 한 번 주지 않는다면 그런 리더는 직원들로부터 신뢰를 얻을 수 없다. 신뢰방정식의 분자를 구성하는 3가지 요소인 C, R, I 값이 높을수록 신뢰는 높아진다.

여기서 가장 가중치가 많은 자기중심성(Self-Orientation)은 분모에 해당한다. 이는 자신의 욕망과 필요를 충족시키는 것에 관한 것이다. 특히 자기 중심성이 방정식의 유일한 분모라는 것을 주목해야 한다. 구성원들이 리더가 자신의 요구에 관심이 없고, 그들의 요구가 충족되지 않는다고 느낀다면, 높은 수준의 분자가 있더라도 전체 신뢰 수준은 낮아질 것이다. 리더가 믿을 수 있는 말과 일관된 행동으로 구성원들을 진정성 있게 대하고 구성원들의 요구가 무엇인지를 열린 마음으로 듣고 반영할 때 신뢰관계가 형성된다.

《신뢰의 속도(Speed of Trust)》를 쓴 미국의 리더십 전문가 스티븐 코비(Stephen M. R. Covey)도 그의 책에서 신뢰의 중요성을 역설했다.

"신뢰가 부족하면 속도는 느려지고 비용은 늘어난다. 일종의 세금을 내는 것과 같아서 이를 신뢰 세금이라고 한다. 반대로 신뢰가 높으면 속도는 빨라지고 비용은 줄어든다. 보이지 않는 신뢰에 따른 이익을 누리는 것이다. 이것이 신뢰 배당이다."

신뢰 수준이 높으면 리더가 코칭할 때 구성원이 자신의 생각과 느낌을 솔직하게 표현하게 된다. 대화는 방어적인 게 아니라 함께 가능성을 모색하는 적극적 탐구 과정이 되고, 그 속에서 새로운 대안, 숨겨진 재능, 다양한 기회를 발견할 수 있다. 반대로 신뢰 수준이 낮으면 리더의 코칭이 조작적으로 받아들여진다. 질문하고 인정해도 의도가 의심받는 상태에서는 구성원이 마음을 열지 않는다. 대화는 형식적으로 흐르고, 주고받는 에너지가 없게 된다. 또 다른 지시적 대화에 그치기 십상이다. 그냥 상사가 시키는 일만 하겠다는 수동적 자세가 고착화된다. 신뢰를 쌓는 것으로부터 코칭을 시작해야 하는 이유다.

믿음에 대한 조언

신뢰의 구축은 모호하거나 오랜 시간이 걸리는 일이 아니다. 전문가들은 단기적으로라도 먼저 신뢰를 보이는 행동을 하라고 말한다. 상대를 존중하고, 약속을 지키고, 정보를 공유하고, 잘못은 즉시 사과하라고 이야기한다. 스티븐 M. R. 코비는 이러한 행동을 지속하면 한두 달 안에도 신뢰 수준이 높아질 수 있다고 주장한다.

신뢰의 기본은 '저 사람이 내가 중시하는 어떤 것을 함부로 깨뜨리지 않을 것'이라는 믿음이다. 그 바탕에는 언제나 존중과 인정이 자리하고 있다.

여기서는 조직내 코칭을 위한 기본 신뢰를 형성하기 위해 3가지를 제안한다. 첫째 심리적으로 안전한 대화의 공간 만들기, 둘째 구성원 인정하기, 셋째 적극적으로 경청하기다. 이 3가지를 실행하기 위해 지속적으로 노력한다면 코칭에서의 신뢰는 자연스레 형성될 것이다.

»»»

제일 먼저 안전감을 조성하라

코칭은 상대방 중심의 수평적 대화다. 하지만 직장에서 상사 혹은 선배와의 관계는 평소에 수직적이기 쉽다. 그런 관계에서 코칭이 작동하려면 제일 먼저 대화에서 안전감을 조성해야 한다. 안전하지 않으면 상사의 좋은 질문에도 솔직한 의견을 말하기보다 상사가 원하는 답이 무엇인지 궁리하고 이에 맞추는 답변을 하기 쉽다. 또한 상사의 의도를 제대로 신뢰하지 못하기 때문에 코칭을 자신을 위한 기회로 전혀 활용하지 못한다. 안타깝게도 이런 경우가 없지 않다.

안전한 대화의 요건

대화가 안전해지기 위해서는 무엇이 필요할까? 바로 코칭대화를 시작하기 전에 라포 형성을 위해 스몰 톡을 하면서 친밀함을 조성하는 것도 한 방법이다. 또 코칭이 지시나 조언이 아닌 상대방을 위한 수평적인 대화라는 점을 먼저 알려주는 것도 좋은 방법이다.

이 2가지 외에 더 중요한 것이 있다. 그것은 비밀 유지에 관한 약속이다. 코칭대화의 내용에 대해 비밀을 지킨다는 걸 명료하게 알려주는 것은 대화의 안전감을 위해 매우 중요하다. 특히 비밀 유지는 코칭의 핵심 윤리이므로 코칭하는 리더의 의무이기도 하다. 비밀 유지 의무는 극히 예외적인 경우를 제외하고 전체적으로 해당한다. 여기서 예외적인 경우란 신고해야 할 의무가 있는 비리나 범죄 행위 등을 말한다. 즉, 그런 극단적인 상황이 아닌 한 비밀 유지를 보장해야 한다. 어떤 의견도 비판받거나 판단받지 않고 자유롭게 표현할 수 있는 안전한 공간을 만들어야 한다. 이를 명료하게 언급하고, 리더가 구성원을 존중하고 케어하는 언행을 보일 때 안전한 공간이 조성되기 시작한다.

어떤 리더는 코칭이라는 표현을 하면 인위적인 것처럼 느껴져서 그냥 평소의 자연스러운 대화처럼 한다는 상사들도 있다. 하지만 연구에 따르면 코칭받는 사람이, 코칭이 무엇이고 왜 코칭을 하는지 정확히 이해할 때 코칭의 성과가 높았다. 이것이 구성원에게 코칭이 무엇인지 교육시키는 것을 주저하지 말아야 하는 이유다.

팀의 심리적 안전도 중요하다

코치형 리더는 평소에 팀 전체의 심리적 안전에도 노력해야 한다. 이를 위해서는 리더가 소속 신호(belonging cues)를 보내는 것이 중요하다. 여기에는 물리적인 거리를 줄이고 자주 눈을 맞추며 대화하고, 포용하는 에너지나 보디 랭귀지, 목소리 크기, 모두에게 말 걸기 등이 포함된다. 단순해 보이지만 구성원들은 무의식적으로 이러한 행동 신호에 맞춰 분위기를 파악한다.

미국의 경영 컨설턴트 티모시 R. 클라크(Timothy R. Clark)는 심리적 안전감의 4단계를 다음과 같이 설명한다.

1단계는 포용에 대한 안전감(Inclusion Safety)이다. 구성원이 팀에 소속감을 느끼고, 존중과 인정받는 느낌을 갖는다. 이 단계는 사람이 팀에 참여하고 다른 팀원과 상호작용을 할 수 있는 수용을 포함한다.

2단계는 학습에 대한 안전감(Learner Safety)이다. 사람들이 배움의 과정에 참여하고, 질문하며, 실험하고, 심지어 실수를 할 수 있는 안전함을 느낌으로써 거부감이나 처벌의 두려움 없이 학습할 수 있는 단계다. 호기심과 배우고자 하는 의지를 장려하며 개인의 전문성의 한계까지 탐색을 촉진한다.

3단계는 기여에 대한 안전감(Contributor Safety)이다. 다양한 생각, 아이디어를 표현할 수 있다고 인지한다. 의미 있는 기여를 하기 위해 자신의 기술과 능력을 사용해도 안전하다고 느낀다.

4단계는 도전에 대한 안전감(Challenger Safety)이다. 개인이 자신의 위치를 위험에 빠뜨리지 않고 현상에 도전할 수 있는 최종 단계다. 구성원들이 새로운 아이디어를 실험하고 도전할 수 있는 분위기 조성은 혁신에 필수적이다.

취약성의 힘을 강조한 미국의 심리학자 브레네 브라운(Brene Brown)은 리더들이 심리적 안전을 높이려면 먼저 리더가 구성원의 말을 경청하고, 그들에게 관심을 두어야 하며, 스스로 정직한 소통의 본이 되어야 하고, 구성원과의 대화에 대한 비밀을 유지할 수 있어야 한다고 했다. 또한 성장을 중시하면서 앞으로 나아가려는 분투를 장려하고, 팀에 고마움을 표시하고 성과를 칭찬해야 한다고 했다. 항상 배우는 자세로 대하고 어느 정도 위험을 감수할 수 있어야 한다. 바로 코칭에 필요한 자세를 말하는 것과 같다. 코치형 리더는 이러한 존재의 모델이 될 수 있다.

이어서 신뢰 기반의 코칭을 위해 구체적으로 어떤 대화법이 효과적인지 알아보자.

»»»

신뢰하는 조직을 만드는 리더의 한마디

코칭의 철학은 인간에 대한 존중이다. 상대방을 존중해야 '나' 중심이 아닌 '상대방' 중심의 대화를 열어갈 수 있다. 존중은 상대방을 온전하게 한 사람으로 대하는 것이다. 사람은 그 자체로 존중받아 마땅하다. 결과가 완벽하지 않아도 사람을 존중하고 인정할 수 있다. 그가 기울인 노력을 알아주고 가진 잠재력을 확인해주는 것만으로 가능하다.

사마천의 《사기》에 "선비는 자신을 알아주는 사람을 위해 목숨을 바친다"는 말이 나온다. 동서고금을 막론하고 사람은 누구나 인정받고 싶은 욕구를 갖고 있다. 조직에서는 말할 것도 없다. 모든 구성원들이 리더가 인정해주기를 바라고, 그것은 비할 수 없는 동기부여의 자원이 된다. 그래서 인정은 리더에게 가장 중요한 업무라고 할 수 있다.

미국의 긍정심리학자 바버라 프레드릭슨(Barbara Fredrickson)은 리더가 구성원을 자주 칭찬하고 격려하며 인정해주는 조직은 그렇지 않은 조직보다

31% 이상의 성과를 창출한다고 보고했다. 긍정의 정서가 관점의 확장은 물론 개인의 능력을 더욱 향상시켜 높은 수준의 창의성과 생산성을 낳게 한다는 것이다. 반면에 부정적인 조직의 정서는 직원들의 사고를 좁게 만들고 대처 능력을 감소시킨다.

'인정할 게 없다'는 리더들에게

리더의 존중과 인정은 MZ세대가 몰려오는 요즘에 더욱더 소중한 가치가 되었다. 기성세대는 이들을 충성심이 없고, 자기 권리만 찾을 뿐 의무는 다하지 않고, 조금만 힘들어도 견디지 못하고 쉽게 포기한다고 치부해버리지만, 실제는 그렇지 않다. 일을 싫어하고 안 하려고 하는 게 아니라 자신을 희생하면서까지 조직에 헌신해야 할 이유를 찾지 못하기 때문이다. MZ세대에게 충성의 대상은 자기 자신과 미래다. 그렇기 때문에 리더는 무엇으로 이들을 움직일지를 고민해야 한다. 분명한 것은 이들이 자신이 어떻게 하고 있는지에 대한 적극적인 피드백을 구하며, 잘하고 있는 것에 대해서는 수시로 인정받고 싶어 한다는 사실이다.

인정이 중요하다고 하면 "인정해줄 게 있어야 인정하지!"라며 냉소적으로 반응하는 팀장들이 있다. 인정이 아니라 평가의 관점에 있는 것이다. 평가는 상대가 어떤 기준을 충족시켰느냐에 대한 판단적 대응이다. '80점 정도는 되어야 인정해주지!' 하는 생각이 단적인 예다. 하지만 코칭을 위한 신뢰를 구축하려면 상대가 몇 점짜리인지를 평가하는 시각을 탈피해야 한다. 지금은 비록 부족한 부분이 있더라도 앞으로의 가능성에 주목하여 동기부여하는 것이 코칭에서의 인정이다. 50점 정도밖에 안 된다고 해도 애쓴 점을 알아주고 더 잘할 수 있다고 이야기해주는 것이다.

"회사 보고 들어가 상사 보고 나온다"는 말이 있다. 인정이 얼마나 중요한지를 역설적으로 강조하는 표현이다.

신뢰를 쌓는 2가지 방법

인정의 방법으로 가장 대표적인 것은 칭찬이다. 어떤 행동이나 선택, 성과에 찬사를 보내는 것이다. 사소한 것이라도 잘한 부분은 칭찬해주어야 한다. 그렇지 않으면 팀원이 흥미를 잃고 의기소침해질 수 있다. 팀장이 구체적으로, 자주, 충분히 칭찬해줄 때 팀원은 신뢰를 갖고 더 잘해보려는 의욕을 품게 된다. 팀장이 팀원을 도구적으로 대하지 않고 자신의 성공을 진심으로 기뻐하고 칭찬해주는 데서 파트너로서의 신뢰가 쌓인다.

인정은 상대방의 성품이나 잠재력, 가치, 기여 등을 알아주는 것으로, 칭찬보다 광의의 개념이다. 구체적인 행위를 칭찬할 뿐만 아니라 그 가치를 알고 지지해주는 것이다. 표면적으로 드러난 행동 안에 깃든 가치를 언급해주고 주목해줄 때 상대방은 임파워되는 경험, 즉 내면의 힘이 커지는 느낌을 갖게 된다.

최근에 맡은 일이 생각대로 풀리지 않아 자신감이 떨어져 있는 팀원에게 "잘할 수 있어", "끈기 있게 최선을 다하고 있는 거 알아", "전문성이 있으니 곧 방법을 찾아낼 수 있을 거야"라는 말을 건네면 그는 스스로에게 확신을 갖고 약해진 의욕을 다시 일으켜 세우게 된다. 인정은 이처럼 꼭 무엇을 잘해서가 아니라 그의 존재 자체를 긍정해주는 것이다.

인정의 표현은 다양하고 수준도 다르다. 예를 들면 이렇다.

영업팀의 김 프로가 큰 거래를 성사시켰다. 팀장은 이를 어떻게 인정할 수 있을까? 김 프로는 또 어떻게 느낄까?

"그런 큰 계약을 따내다니 정말 대단해!"

훌륭한 칭찬이다. 이룬 성과를 구체적으로 적시하여 인정해주었다. 만약 팀장의 칭찬이 없었다면 공을 세운 김 프로는 매우 서운했을 것이다.

"짧은 시간에 그렇게 큰 성과를 내다니 엄청난 집중력이야!"

결과에 대한 칭찬을 넘어 집중력을 발휘했다는 것까지 알아주었다. 결과는 물론 그의 강점에 이름을 붙여주었다. 이렇게 인정을 받으면 '나의 가치를 알아주시는구나'라며 더 큰 감동을 느낀다.

"김 과장이 어려운 시기에 팀에 중요한 공헌을 했네. 어떤 자세로 일해야 하는지를 보여주는 아주 좋은 본보기야."

존재와 강점 인정에서 한발 더 나아가 팀에 미친 영향과 기여를 인정해주었다. 자부심을 갖게 해주고, 더욱 잘할 것이라는 기대감을 전달하는 표현이다. 자신이 팀에 중요한 존재라는 사실, 팀장과 자신이 상호 의존적인 관계라는 점을 일깨워 신뢰를 높여준다.

인정받을 만해서? 인정할 줄 알아야!

칭찬에 인색한 팀장들은 대부분 칭찬은 자만하게 만들 우려가 있다는 생각을 갖고 있다. 그런데 칭찬을 받았다고 자만하는 사람이 있을까? 있더라도 과연 얼마나 될까? 오히려 칭찬과 인정을 받을수록 책임감이 커지는 게 사람 마음이다. 서로 신뢰하는 조직을 만들고 싶다면 리더가 평가자나 교정자의 역할에 머물러서는 안 된다. 결과만이 아니라 과정을 알아주고 잠재력을 인정해주어야 한다.

설사 김 프로가 계약을 성사시키지 못했더라도 인정이 필요하다.

"열심히 하느라 수고했어", "성과가 안 나면 기운이 빠지기 쉬운데, 그래도 꾸준히 노력하는 모습이 좋아!"

어떤 경우에도 리더의 격려와 인정이 우선이다. 그런 다음 구체적으로 무엇을 어떻게 할 것인지에 대한 대화를 해나가면 믿음과 의욕을 가지고 새로운 성과 창출에 나서게 된다.

'자세히 보아야 예쁘다. 오래 보아야 사랑스럽다.'

나태주 시인의 '풀꽃'에 나오는 표현이다. 인정을 잘하는 리더는 구성원의 강점에 주목하고 적절한 이름을 붙여 알려준다. 평소 구성원들을 소중한 존재로 인식하고 유심히 관찰하여 진심 어린 인정을 해주는 것이다. 관찰이 중요하다. 그냥 지나치기 쉬운 길가의 풀꽃도 자세히 들여다보면 사랑스러운 부분이 보이는 법이다.

인정은 본질적으로 상대방이 인정받을 만해서 하는 것이 아니라 내가 인정할 줄 알아야 하는 것이다. 그것은 리더인 '나'의 몫이지 상대방의 몫이 아니다.

그런 칭찬과 인정을 얼마나 자주 활용하면 좋을지 생각해볼 필요가 있다. 칭찬은 사람으로 하여금 같은 행동을 다음에 또 나타내는 동기가 되어 또 칭찬받으려고 노력하는 반면에, 인정은 사람 본인이 가지고 있는 본래 생각, 느낌, 가치, 역량, 신념, 두려움, 니즈를 인정하므로, 앞으로도 수면 밑에 있는 본래의 다양한 자신의 모습을 보이게 한다고 했다. 리더가 상대를 인정하다 보면 팀원이 심리적으로 안전감을 느껴 더욱 다양한 생각을 하게 되는데, 이것이 바로 혁신적인 솔루션과 연결되므로 인정을 더 활용할 것을 권장한다.

»»»

사람은 '들어주는 사람'을 믿는다

신뢰를 쌓는 또 하나의 좋은 방법은 상대방의 말에 귀를 기울여 들어주는 경청이다. 몽골제국을 건설한 칭기즈칸은 "내 귀가 나를 가르쳤다. 나는 내 이름도 쓸 줄 몰랐으나 타인에 귀 기울이며 현명해지는 법을 알았다"며 경청의 중요성을 설파했다. 앨런 조지 래플리 전 P&G 회장도 "나는 대화의 3분의 2는 듣는 데 쓴다. 회사의 구내식당, 강당, 어디에서든 직원들과 이야기를 하고, 이때 항상 3분의 2 원칙을 지킨다. 이를 통해 나는 반대자들의 목소리를 가라앉히고, 많은 사람들을 내 편으로 끌어들이는 데 성공했다"고 자신의 경영자 시절을 회고했다.

역사적으로 가장 넓은 영토를 지배했던 영웅이나 전 세계의 생필품 시장을 석권한 CEO라고 하면 흔히 카리스마 넘치는 웅변가의 모습을 떠올리게 되지만, 그들은 '잘 듣는 것'을 강조한다. 생리학적으로 듣는 것(hearing)은 귀를 통해 들어오는 소리를 듣는 것이지만, 잘 듣는 경청(listening)은 몸과 마음을 다해 들어주는 것이다. '대화의 신'으로 일컬어지는 래리 킹은 대통령을 비롯한 슈퍼스타들을 자신의 토크쇼에 초대해 유쾌하고 솔직한 이야기를 나누었다. 어떻게 수많은 사람들과의 대화를 친밀하게 이끌 수 있었는지 그 비결을 묻자 그는 주저 없이 경청이라고 답했다. '대화의 90%는 경청'이라는 것이다.

경청에도 급이 있다

경청에는 여러 수준이 있다. 가장 낮은 수준은 배우자 경청(spouse listening)이다. 배우자 사이에서 흔히 나타나는, 휴대폰이나 텔레비전을 보며 이야기를 건성으로 듣거나 중간에 불쑥 말을 자르는 자기중심적 대화 태도를 가리킨다. 자기 관점으로 듣고 판단하니 상대방이 하는 말의 맥락을 놓치고 그 의도나 감정을 알아차리지 못한다.

수동적 경청(passive listening)은 말하는 사람에게 주의를 기울이거나 공감하지 않고 단순히 듣기만 하는 것이다. 반응하지 않고 영혼 없이 듣는 것이다. 이렇게 수동적으로 경청하면 상대방은 말할 의욕을 잃어버리고 대화는 피상적으로 흐르게 된다.

경청의 가장 높은 단계는 적극적 경청이다. 상대방의 말에 주의를 집중하여 반응하고 공감해주는 것이다. "저런, 그랬군요", "그래서 어떻게 되었나요?"와 같은 추임새를 넣으면서 듣는다. 또 눈을 맞추고 고개를 끄덕이는 등 비언어적인 커뮤니케이션을 적절히 활용한다. 말뿐만 아니라 그 이면의 마음까지 듣는다. 한마디로 상대방의 기분, 생각, 욕구와 의도까지 파악하는 총체적인 경청 방법이다.

경청은 빙산모델에 비유할 수 있다. 눈에 보이는 빙산은 전체의 일각에 불과하다. 수면 아래에 잠겨 있어 보이지 않는 빙산이 훨씬 더 크듯, 들리는 말은 일부이고 상대방이 전하려고 하는 의미는 내면에 깊이 깔려 있다. 그러므로 귀에 들리는 것만 듣지 말고 말하는 상대방의 속마음이 무엇인지 호기심을 가지고 귀를 기울여야 적극적 경청을 할 수 있다.

미국의 심리학자 앨버트 메라비언(Albert Mehrabian)은 말로 전달되는 의미는 7%이고, 38%는 청각적 요소(음성, 어조, 억양)에, 55%는 시각적 요소(눈짓, 표정, 제스처)에 담겨 있다고 말한다. 따라서 제대로 들으려면 그가 한 말이 아니라 어조와 표정 등에 주목해야 한다.

실제는 어떨까? 매일매일 바쁘게 돌아가는 조직생활에서 팀장은 팀원들의 말을 얼마나 경청하고 있을까? 밀려드는 일들을 처리하기에도 벅차 경청하고 싶어도 그럴 여유가 없다고 호소하는 이들이 많다. 이들에게 도움이 될 만한 이야기가 있다.

영업팀을 새로 맡게 된 배 팀장은 팀원들의 이야기를 들으려고 의식적으로 노력했다. 나름의 이유가 있었다. 전에 모셨던 상사 때문에 무척 힘든 시간을 보내야 했기 때문이다.

상사는 보고를 하러 가면 눈도 마주치지 않았다. 몸을 옆으로 돌린 채 눈을 감고 생각에 빠져 있는 표정을 지었다. 도대체 보고를 듣고 있는지 아닌지 알 수 없었고, 좋다는 건지 못마땅하다는 건지도 짐작하기 어려웠다. 보고를 마치고 나오면 마치 허공에 대고 혼자 떠들다가 나온 것 같아 기분이 언짢았다.

배 팀장은 과거의 상사를 반면교사로 삼아 경청에 특별히 신경을 썼다. 팀원이 이야기를 시작하면 얼굴을 마주 보고 몸을 앞으로 기울여 듣기에 집중했다.

그러던 어느 날, 김 책임의 보고를 받게 되었다. 그런데 그에게서 평소와 다른 분위기가 직감적으로 느껴졌다. 내용은 특별할 게 없었으나 김 책임의 눈빛이 보일 듯 말듯 흔들리며 뭔가 불안한 기색이 있었다. 배 팀장은 보고를 멈추게 하고 김 책임의 눈을 응시하며 조용히 물었다.

"김 책임, 요새 무슨 일이 있었어?"

이 한마디에 금세 울컥해진 김 책임은 그간의 고충을 천천히 털어놓았다. 사연인즉슨, 영업 실적 올리기에 급급하여 대리점에 지키지 못할 약속을 덜컥 해놓는 바람에 그들로부터 시달리고 있는 중이었다. 사정을 파악한 배 팀장은 즉시 법무팀에 협조를 구해 적절한 조처를 취했다. 그렇게 해서 하마터면 상당한 손실로 이어질 수도 있었던 대형사고를 미연에 막을 수 있었다.

신뢰받는 팀장은 'LENS'하게 경청한다

경청을 위해서는 무엇보다 자기중심적인 에고(ego)를 내려놓고 상대방의 관점에서 들어야 한다. 상대방의 관점이 아닌 나의 관점으로 들으면 섣불리 판단하여 평가하게 되고, 충고나 조언으로 이어지기 쉽다. 그런 분위기에서는 마음을 열어 자신의 이야기를 솔직하게 털어놓을 수 없게 된다.

팀장은 팀원이 하는 말을 둘러싸고 있는 주변의 모든 '맥락'을 파악할 수 있어야 한다. 그럴 때 팀원과의 내면적인 연결이 가능해지고, 팀장과 팀원이 상하관계가 아닌 파트너로서 일상적 코칭이 가능해진다.

적극적 경청을 위해 리더들이 반드시 기억해야 할 것이 있다.

- 안전하고 솔직한 대화 분위기를 조성한다.
- 상대방에게 주의를 집중한다.
- 듣는 도중에 어떻게 반응할까를 생각하지 않는다.
- 성급한 가정이나 판단을 내려놓는다.
- 비언어적인 신호에 관심을 기울인다.
- 침묵도 대화의 일부로 인식한다.

이와 더불어 'LENS' 경청을 꾸준히 실천하면 좋을 것이다.

Leaning: 몸은 상대를 향해 기울이고
Eye Contact: 눈을 맞추고
Nodding: 고개를 끄덕이며
Saying: 들은 말을 반복하거나 반영해준다.

경청은 제일 먼저 하던 일에서 눈을 떼는 것으로 시작된다. 그리고 상대방을 향해 몸을 기울인 상태에서 눈을 맞추고, 중간중간 고개를 끄덕인다. 끄덕인다고 해서 꼭 동의한다는 뜻은 아니다. 주의를 기울여 이야기를 듣고 있으며 상대방의 생각을 이해한다는 뜻이다. 그리고 그가 말한 내용을 요약해서 들려주면(paraphrasing) 대화가 자연스럽고 부드러워진다. 열심히 들어주는 모습에서 존중받는 느낌이 들어 신뢰감이 형성된다.

바빠서 경청하기 어려운 게 아니다. 경청이 어려운 진짜 이유는 경청 능력이 부족하기 때문이다. 경청은 시간의 문제가 아니다. 경청 능력이 있는 사람은 1분의 대화에서도 '내 얘기를 귀 기울여 들어주고 있구나'라는 생각이 들게 만든다. 짧은 시간이라도 자신의 판단과 충고를 내려놓고 상대방에게 집중하는 데서 나오는 힘이다. 반대로 경청 능력이 없는 사람은 30분 이상 대화를 해도 다른 생각과 자의적 해석 등으로 머릿속이 산만해져 경청을 하지 못한다.

바쁘지 않은 리더는 없다. 하지만 시간이 없는 때일수록 '이 사람이 무슨 말을 하고 싶은 걸까?'라는 호기심과 관심을 가지고 구성원을 향해 귀를 기울일 수 있어야 한다. 그러면 대화가 달라지고 코칭의 깊이가 달라진다. 적극적 경청은 조직의 신뢰를 쌓는 가장 기본적인 행동이다.

5장

우리는 지금 어디로 가는가

목표와 현재 공유

목표와 현재의 공유는 코칭 주제와 관련하여 바람직한 목표를 합의하고, 현재의 상태에 대한 인식을 공유하는 단계다. 이는 목표를 함께 이루어나가는 파트너십과 팀워크의 기초가 된다.

»»»

정신적 창조가 먼저다

코칭은 목표를 수립하는 것으로부터 대화를 시작한다. 어떤 이슈든 문제를 분석하기보다 원하는 목표를 명료화하기가 선행된다. 왜 그럴까?

목표를 명확하게 한다는 것은 비전을 세우는 일이다. 도달하려고 하는 이상적인 상태를 그리는 일이니 꿈을 꿀 수 있다. 여기서 창의적인 대안들이 나온다. 역으로 현재의 문제점을 분석하는 일로 대화를 시작하면 현실의 제약조건에 먼저 압도되기 쉽다. 사고가 조건의 한계에 매여 틀을 깨는 대안들이 나오지 않는다.

유능한 리더들은 문제를 가져오는 조건의 함정에 빠지지 않고 원하는 모습부터 명료하게 만들도록 코칭대화를 이끈다. 물리적 창조에 앞서 정신적 창조부터 시작하는 것이다.

팀에 새로 합류한 팀원과의 대화를 보자.

팀원: 예전에 일하던 팀과 분위기가 많이 달라서 적응하기가 쉽지 않네요. 여긴 너무 냉랭하고 사무적인 것 같아요. 다들 자기 일에만 몰두하고 있어서 제가 모르는 걸 물어보기도 힘들어요. 먼저 다가와서 가르쳐 주는 사람도 없고요.

팀장: 아, 그렇군요. 힘들었겠네. (공감한 후) 팀이 어떤 분위기이길 바라나요?

팀원: 글쎄요, 각자 알아서 하는 건 좋은데 대화하기가 수월하면 좋겠습니다. 편하게 다가가 물어볼 수 있게요.

팀장: 대화하기가 편한 분위기를 바란다는 거죠?

팀원: 네, 그러면 일도 더 잘 진행될 것 같아요.

팀장은 팀원이 원하는 것을 명료화하는 대화를 진행했다. 냉랭하고 사무적이라는 인식에 대해 반박하거나 조언하지 않고 질문을 통해 그의 생각을 확인하는 모습을 보여주었다.

사람들은 곧잘 불평하면서도 정작 자신이 바라는 상태에 대해서는 생각하지 않는 경우가 많다. 위 팀장처럼 터놓고 말할 수 있는 분위기를 만들어 팀원의 목표를 분명히 해주기만 해도 생각이 진전되고 정리된다.

목표 너머의 목표

목표 너머의 목표란 단순히 목표를 달성하는 것에 그치지 않고, 그 목표를 달성함으로써 얻을 수 있는 더 큰 가치나 의미를 추구하는 것을 말한다. 예를 들어 '체중 10kg 감량하기'라는 목표를 설정할 때 단순히 체중 10kg 감량만 하는 것이 아니라, 감량을 통해 건강과 자신감을 회복하고 보다 성공적인 커리어를 추구하는 것을 모색하는 것이다.

목표 너머의 목표를 설정하는 것은 다음과 같은 이유에서 중요하다.

첫째, 목표 달성에 대한 동기부여를 강화한다. 단순히 눈앞의 목표를 달성하는 것만으로는 동기부여가 지속되기 어렵다. 하지만 목표 너머의 목표를 설정하면, 목표를 달성함으로써 얻을 수 있는 더 큰 가치나 의미를 생각하면서 동기부여를 유지할 수 있게 된다.

둘째, 목표 달성의 가능성을 높인다. 목표 너머의 목표를 설정하면, 목표를 달성하기 위해 더 많은 노력과 열정을 쏟을 수 있다. 이는 목표 달성의 가능성을 높이게 된다.

셋째, 목표 너머의 목표를 설정하고 달성함으로써 삶의 의미와 가치를 발견할 수 있게 된다. 이는 삶을 더욱 풍요롭게 만들어준다.

목표 너머의 목표를 설정하는 방법은 다음과 같다.

• 목표의 의미를 생각해본다.

목표를 달성함으로써 얻을 수 있는 의미와 가치는 무엇일까요?

• 목표 너머의 목표를 구체적으로 설정한다.

목표 너머의 목표는 단순히 추상적인 목표가 아니라 구체적이고 실현 가능한 목표여야 한다. 예를 들어 '영어 공부하기'라는 목표를 설정할 때 단순히 영어를 잘하기만 하는 것이 아니라 영어를 통해 새로운 세상을 경험하고, 글로벌 인재로 성장하는 등 더 큰 가치를 추구하는 목표를 설정하는 것이다. 이와 같이 목표 너머의 목표를 설정하는 것은 목표설정의 단계를 넘어 삶의 방향성을 설정하는 것과 같다.

생각에서 실천으로 이끄는 대화

그러면 생각을 실천으로 이어지게 하는 대화는 어떻게 가능할까?

팀원: 거래처 담당자가 번번이 약속을 안 지켜요. 납품 날짜에 임박해서 변명으로 때우기 일쑤예요. 아무튼 믿고 맡길 수가 없어요. 이 업체 때문에 우리 스케줄이 엉망이 돼요. 돌아버릴 것 같습니다.

팀장: 골치 아픈 업체를 관리하느라 고생이 많네. 납품일자를 어기면 자네도 결과적으로 거짓말을 하는 셈이 되고, 정말 중간에서 곤란했겠어. 이 문제를 어떻게 접근하면 좋을까?

팀원: 음… 한꺼번에 바뀌긴 쉽지 않겠죠.

팀장: 그렇겠지. 어느 정도 수준이면 일하는 데 불편함이 없을까?

팀원: 그쪽도 나름의 사정이 있겠지만, 그래도 최소한 일의 진도는 미리 파악하고 있어야 할 것 같아요. 그래야 대처할 수 있는데, 지금은 납기 직전에 통보하거든요.

팀장: 그럼 어떻게 해야 현재보다 나아질 수 있을까?

팀원: 일단은 진도를 공유하면 좋겠어요. 실은 저도 다른 일들을 처리하느라 일일이 챙기지 못했거든요. 사전에 확인하고 대처할 수 있는 스케줄 공유시스템을 만들면 도움이 될 것 같습니다.

이 역시 현재의 문제를 넘어 현실적인 목표를 세울 수 있도록 대화를 전환했다. 그러면서 목표가 분명해졌고, 달성을 위해서 나는 무엇을 하고, 상대에게 어떤 도움을 요구할 것인지도 알게 되었다.

목표가 정해져 있을 때의 대화

이미 목표가 정해져 있는 경우도 있을 것이다. 이럴 때는 어떻게 대화를 전개할 수 있을까? 매출 목표와 같은 핵심 성과지표(Key Performance Index, KPI)는 이미 전년도에 수립되기 마련인데, 이 상황에서는 함께 목표를 확인하고 공유하는 방향으로 대화를 나눌 수 있다.

팀장: 우리 함께 연간 목표 대비 이번 달 목표를 점검해볼까?

팀원: 지난 분기에 달성하지 못한 부분이 있어서 만회해야 하는데, 어떻게 해야 할지 모르겠습니다.

팀장: 미달분을 어느 시점의 목표에 반영하는 게 좋을까?

팀원: 채널영업이 활성화되는 이번 분기 마지막 달에 반영하는 게 좋을 것 같은데요.

팀장: 그러면 9월 목표가 기존보다 5% 올라가겠군. 어떤가?

팀원: 최선을 다해야죠.

팀장: 그 목표를 달성하는 게 자네에겐 어떤 의미가 있나?

팀원: 저의 자존심이죠. 팀에 기여도 해야 하고요.

»»»

목표는 도전적으로, 지표는 구체적으로

목표는 코치와 코칭받는 사람이 함께 공감할 수 있어야 한다. 그러려면 무엇보다 구체적이고 명확해야 한다. 정성적인 목표든 정량적인 목표든 명료하게 정의되어야 효과적이다. 목표가 달성되었을 때의 모습(결과)을 수치로 나타내는 것도 좋은 방법이다.

《구글이 목표를 달성하는 방식 OKR》(크리스티나 워드케)라는 책에 따르면 구글에는 목표와 핵심지표(Objective & Key Results, OKR)가 있다. OKR 방식은 팀이 목표에 집중하여 성과를 높이도록 수준 높은 정성적 목표를 세우고, 목표의 달성 여부를 가늠하게 해주는 양적인 결과지표 3가지를 정하게 하는 것이다. 예를 들어 플랫폼 구축을 통해 업무를 효율화하기로 결정했다면 다음과 같이 목표를 제시하여 전 구성원이 공유하도록 한다.

목표: 레스토랑 공급업체들이 직접 주문할 수 있는 유용한 온라인 플랫

폼 구축

핵심 결과지표 1: 온라인으로 80% 재주문

핵심 결과지표 2: 만족도 10점 만점에 8점

핵심 결과지표 3: 전화 문의 50% 감소

쉽게 공유되지 않는 목표를 공유하는 작업

그런데 목표가 조직 전체에 공유되기란 생각보다 쉽지 않다. 매일매일의 일들에 매이다 보면 정작 정해놓은 목표를 놓치기 쉽다. 그러므로 팀장과 구성원들이 목표에 대해 한방향으로 정렬하는 작업이 필요하다. 코칭을 통해 달성할 목표가 무엇인지 명확하게 의식하고, 목표 달성이 어떤 의미가 있는지를 생각하게 함으로써 분명한 사명감을 갖도록 도와주어야 한다. 그러면 일에 대한 확신과 동기부여가 생겨 몰입도를 높일 수 있다. 과업에 대한 명료성이 초점을 부여하기 때문이다.

코칭을 통해 목표의 의미를 공유하면 구성원들의 내면에서 자각과 책임감이 일어난다. 열정을 갖게 되는 것이다. 또 무리하게 목표 달성을 독려할 때 발생하는 변칙이나 사고를 피할 수 있다. 구성원들의 동의나 합의 없이 위에서 내려온 목표를 맹목적으로 달성하려는 과정에서 문제가 발생하여 브랜드 이미지의 실추나 구성원들의 사기 저하 같은 부작용을 낳는 경우가 많다.

목표에는 조직의 중요 가치가 반영되어야 하며, 그것은 구성원들에게도 의미가 있어야 한다. 그래야 목표를 달성하는 과정에서 즐거움과 신바람을 느끼며 본인도 성장하고 조직에 기여한다는 성취감을 갖게 된다. 그렇지 않으면 목표가 단지 의무로만 받아들여져 결과적으로 목표 달성에 지장을 초래하게 된다.

'지금 여기'와 '미래 거기'의 간격은 도전적으로

성과 관리에서는 목표의 달성 여부도 중요하지만 더 중요한 것이 목표의 도전성이다. 쉬운 목표를 수립하여 100% 달성하는 것은 가치가 없을뿐더러 구성원의 성장도 가져오지 못한다.

목표를 수립할 때에는 먼저 '지금 여기(현재)'와 '미래 거기(목표)'와의 간격과 지속성에 주목할 필요가 있다. 간격은 구성원이 최대한 성장할 수 있게 충분히 띄어놓는 것이 좋다. 현재와 목표의 간격이 너무 좁으면 과감한 전환이나 도약을 통한 역동적 성장이 일어날 수 없기 때문이다. 이와 동시에 고려해야 할 요소가 달성의 가능성이다. 목표는 쉬워도 문제지만 너무 어려워도 안 된다. 실패하지 않고 점진적으로 달성할 수 있게 목표를 잡아야 한다. 리더가 구성원들과 함께 현재와 목표 사이의 간격을 주기적으로 점검하고 크기를 조정하여 구성원들이 도약할 수 있게 해야 한다.

목표의 도전성은 장기적인 조직 목표와의 연결을 통해 확보할 수도 있다. 장기 목표의 관점으로 시각을 확대하게 되면 이와 연결되지 않는 단기 목표의 달성은 의미가 약해진다. 현재의 상태가 이어지면 어떻게 될까를 점검하게 되고, 근본적인 변화와 혁신의 필요성을 절감하게 된다. 이때 도전적인 목표를 잡아야겠다는 생각이 강하게 들면서 신제품의 개발, 새로운 유통채널

도입, 차별적 비즈니스모델 수립, 사업체 인수 등을 적극 모색하게 된다. 세계 최고의 제품이나 서비스는 이처럼 도전적인 목표 설정과 추진을 통해 세상에 나오는 것이다.

앞의 책에 따르면 구글은 목표를 잡을 때 달성할 확률 50%(5/10)를 기준으로 삼는다. 목표는 달성이 어려워야 하지만 불가능해서는 안 된다고 믿기 때문이다. 불가능한 목표는 절망감을 주지만 어려운 목표는 사기를 북돋는다. 구글은 그렇게 매주 목표 달성에 대한 자신감이 올라갔는지 내려갔는지를 확인한 다음 자신감이 떨어지고 있으면 그 이유를 파악하여 대책을 강구한다.

도전적인 목표와 달성 가능한 목표의 균형 찾기

도전적인 목표와 달성 가능한 목표의 균형은 목표 설정의 핵심이다. 도전적인 목표는 목표 달성에 대한 동기부여를 높이고, 성장과 발전을 촉진하는 데 도움이 된다. 반면 달성 가능한 목표는 목표 달성의 가능성을 높이고, 실망과 좌절을 예방하는 데 도움이 된다.

이러한 균형을 달성하기 위한 방안은 다음과 같다.

첫째, 목표 설정 시 자신의 능력과 상황을 고려해야 한다. 목표는 도전적이어야 하지만 자신의 능력과 상황에 맞게 설정해야 한다. 너무 도전적이거나 달성하기 어려운 목표는 오히려 역효과를 가져올 수 있다. 만일 목표가 구성원이 느끼기에 너무 도전적으로 설정된 경우에는 그에 대한 충분한 설명과 공감대 형성 및 효과적인 전략과 지원 방안이 필요하다.

둘째, 목표를 단계적으로 나눈다. 큰 목표는 작은 목표로 나누어 설정하면 목표 달성에 대한 부담을 줄이고 동기부여를 유지할 수 있다.

셋째, 목표 달성을 위한 전략과 계획을 세운다. 목표 달성을 위한 효과적인 전략과 구체적인 계획을 세우면 목표 달성의 가능성을 높일 수 있다.

넷째, 목표 달성 과정을 점검하고 조정한다. 목표 달성 과정에서 상황의 변화가 있다면, 충분히 검토하고 필요 시 목표를 조정하거나 계획을 수정한다.

도전적인 목표와 달성 가능한 목표의 균형은 목표 설정의 성공을 위한 필수 요소다. 이러한 균형을 달성하기 위한 노력을 통해 목표를 성공적으로 달성하고, 성장과 발전을 이루는 데 도움이 될 것이다.

»»»

현재 파악은 함께, 수시로

목표가 명료하게 설정되고 나면 현재의 상황을 분석하고 인식해야 한다. 필요한 정보와 자료를 수집하여 정리한 결과를 공유하고, 논의하는 과정을 거치게 된다. 이때 팀장은 질문을 통해 조직이 직면한 상태를 확인하고, 모두가 알아야 할 내용을 전달하게 되는데, 주의할 점이 있다. 자신이 더 잘 알고 있다고 과시하거나 팀원이 잘 모른다고 추궁하는 식의 태도를 보이지 말아야 한다는 것이다. 팀원의 자존감을 떨어뜨리기 때문이다.

팀장은 코치로서 팀원의 의식과 역량을 개발하고 육성하는 책임이 있고, 그 책임을 다할 때 조직의 지속가능한 미래가 보장될 수 있다. 다방면의 질문으로 현재 어떤 문제가 있는지 파악하고, 팀원이 여러 각도에서 생각하게 하고, 해결 방안을 찾도록 지원해야 한다.

현황에 대한 분석과 인식 과정에서 현실적으로 많이 나타나는 문제는 팀장이 혼자 하려는 것이다. 팀원에게 임파워링하기보다 스스로 해결하는 것이 낫다고 생각하여 모든 일을 직접 챙기려 한다. 그러다 보니 갈수록 부담이 증가하고 정작 중요한 업무에는 집중할 수 없게 된다. 결국 팀장 자신과 팀원은 물론 조직 전체에 해를 입힌다. 팀장은 힘들고, 팀원은 시키는 일만 하게 되어 역량 개발과 성장의 기회가 사라진다. 당연히 성취감과 의욕은 떨어지고 주인의식이 결여되어 수동적인 조직이 되어버린다. 임파워링이 조직을 건강하게 한다.

현재를 파악할 때 고려할 2가지

현재 상태를 명확하게 파악하려면 2가지를 모두 고려해야 한다.

첫째, 외부환경 분석이다. 외부환경 분석은 기업이 속한 시장의 상황, 경쟁 상황, 기술발전 상황 등을 파악하는 것이다. 이를 통해 기업이 처한 환경을 이해하고, 목표 달성에 필요한 기회와 위협요인을 파악할 수 있다.

둘째, 내부역량 평가다. 조직이 보유한 자원과 역량, 능력 등을 파악하는 것이다. 이를 통해 조직이 목표 달성에 필요한 강점과 약점을 파악할 수 있다.

내부역량 평가에서 과거에는 결함중심의 접근을 주로 했다면 현재는 강점중심(밝은 점 찾기)의 접근이 새로운 방식으로 떠오르고 있다. 일을 추진할 때 원인분석에만 매달려 시간을 낭비하는 경향이 있다. 밝은 점 찾기의 핵심은 현재 효과를 발휘하는 것이 무엇이며 이 점을 어떻게 활용할 것인가에 초점을 맞춘 해결중심의 접근법이다. 제일 먼저 성공 사례를 찾는다. 그다음에는 왜 성공했는지에 대한 공통점을 찾아내고, 마지막으로 사람들로 하여금 그 공통점을 따라하게 한다. 이와 같이 원인 분석에만 몰입하기보다 강점에 초점을 맞춘 접근을 함께 해볼 것을 추천한다.

때로는 현재를 파악하는 과정에서 이미 수립한 목표를 조정해야 할 필요가 생기기도 한다. 목표를 수립할 때와 현재의 환경이 달라졌을 수 있기 때문이다. 그래서 수시로 현재를 파악할 필요가 있다. 그래야 그에 맞게 목표를 수정하거나, 다음 단계인 대안 탐색에서 더 적합한 선택을 할 수 있다.

목표와 현재 공유에 유용한 질문

다음은 목표와 현재 상태를 공유하는 과정에서 적절히 사용할 수 있는 질문들이다.

- ✓ 우리가 달성해야 할 가장 중요한 목표는 무엇인가요?
- ✓ 이 문제가 어떻게 해결되는 게 바람직할까요?
- ✓ 가장 이상적인 모습은 무엇인가요?
- ✓ 목표를 좀 더 구체화하면 어떻게 정의할 수 있을까요?
- ✓ 그 목표가 당신에게 어떤 의미가 있나요?
- ✓ 목표가 달성되면 우리 팀과 조직에 어떤 영향이 있을까요?
- ✓ 현재 상황은 어떤가요?
- ✓ 목표 수준이 10점이라고 한다면 현재는 몇 점이라고 생각하나요?
- ✓ 현재의 상황과 목표를 대조적으로 표현한다면 뭐라고 할 수 있을까요?
- ✓ 이 상황에서 우리가 염려해야 할 것은 무엇인가요?
- ✓ 무엇 때문에 이 문제가 일어났나요?

- ✓ 현재의 상황을 초래한 더 깊은 원인은 무엇인가요?
- ✓ 앞으로 이런 현상이 계속된다면 어떤 결과가 예상되나요?
- ✓ 경쟁사나 다른 업계에 비추어본다면 현재 상황에 대해 어떤 통찰을 얻을 수 있을까요?
- ✓ 우리가 가진 강점은 무엇이고 약점은 무엇인지 생각해볼까요?
- ✓ 목표와 현재의 간격에 대해 한마디로 표현하면 뭐라고 할 수 있을까요?

»»»

코치형 리더는 강력한 질문을 던진다

코칭에서 질문은 핵심 스킬이라고 할 수 있다. 코칭은 궁극적으로 코칭받은 사람이 스스로 답을 찾도록 돕는 과정이기 때문에 리더의 질문은 코칭받는 사람의 생각과 행동을 변화시키는 데 중요한 역할을 한다. 과학의 역사를 바꾼 아인슈타인은 "어제로부터 배우고 내일을 꿈꾸며 오늘을 살라. 그러나 중요한 것은 질문을 멈추지 않는 것이다"라고 말했다. 질문은 리더에게도 가장 강력한 도구다. 리더가 어떤 질문을 하느냐에 따라 리더십의 수준이 달라진다.

질문은 조직내 코칭의 모든 단계에서 사용되는 핵심적인 스킬이지만, 특히 목표와 현재의 공유에서 필수적인 기법으로 작용한다. 여기서 강력한 질문 스킬을 다루는 이유다.

200여 명의 직원이 일하는 공장에서 공장장은 24시간 일을 해도 모자랄 정도로 바빠서 힘들다고 코치에게 하소연했다. 그러면서도 내심 본인이 얼마나 일을 많이 하는지 알아주기를 바라는 마음도 있는 것 같았다.

30년 전 신입사원으로 입사해서 공장에서 최고 직위에 오른 그는 공장의 모든 부서를 경험하여 구석구석을 꿰고 있는 베테랑이었다. 성실과 책임, 도전정신으로 지금의 자리까지 오른 그는 당연히 애사심도 충만하여 주말에도 일했다. 월요일에 열리는 회의에서 생산, 안전관리, 개발, 인사 등 각 부서의 팀장들에게 체크하고 지시할 내용을 정리하느라 제대로 쉬지 못한다고 불평했다. 그러면서 요즘 팀장들은 책임감이 없고 능동적이지 않아 공장장이 하나하나 챙기지 않으면 공장이 돌아가지 않는다고 푸념했다.

이 공장장의 경우, 본인은 미처 자각하지 못했지만 조직의 역량을 하나로 모아내는 데는 실패하고 있었다. 공장장의 진짜 문제는 무엇일까? 질문하지 않고 일방적으로 지시하고 통제하는 것이다. 직원을 신뢰하지 못해 위임하지 못하고 모든 사항을 본인의 지식과 경험에 의지해 결정한다. 직원들에게는 단지 그 결정을 차질 없이 빠르게 실행해주기만을 바란다. 이런 공장장의 손발 노릇을 해온 직원들은 유사한 문제가 발생해도 오직 면피를 위해 재빨리 상사에게 보고하고는 자신의 직무를 다했다고 생각한다. 결국 상사는 본인이 직접 나설 수밖에 없는 상황을 힘들어하면서 '직원들은 책임감도 없고 할 줄 아는 게 없다'며 끝없이 돌아가는 일의 악순환에 빠지게 된다.

수동적이고 몰입되지 않은 직원에겐 어떤 팀장이 편할까? 아마도 지시하는 팀장일 것이다. 따로 생각할 필요 없이 따르기만 하면 되고 책임은 팀장이 질 것이기 때문이다. 직원은 고민할 필요가 없다. 그런데 조직에 몰입되어 있고 성장하고 싶은 직원이라면 어떤 팀장을 원할까? 아마도 자신의 잠재력을 이끌어내어 목표를 달성하게 만드는 팀장을 원할 것이다.

리더가 바쁜 진짜 이유

코칭리더십의 팀장은 문제해결에 직접 나서기보다 직원 스스로 생각하고 판단해보도록 질문한다. "이 상황에서 어떻게 대처하는 것이 최선일까?", "고객 입장이라면 이때 무엇을 기대할까?" 등의 질문으로 직원이 여러 각도에서 문제를 바라보게 하고 최선의 해결책을 찾도록 격려한다. 이렇게 질문은 성장을 위한 강력한 무기가 된다.

구성원들은 스스로 생각해낸 해결책을 자신의 작품으로 여긴다. 당연히 동기부여가 커지고 실행력은 강해진다. 그만큼 역량이 향상되어 스스로 성장하고 있다고 느끼게 된다. 아울러 팀장이 해결책을 인정해주면 임파워링되었다고 여겨 팀장을 더 신뢰하게 된다.

팀장들에게 질문을 통한 코칭리더십을 발휘하지 않는 이유를 물어보면 대부분 시간이 없다고 말한다. 바쁘니까 직접 해결책을 제시한다는 것이다. 팀장은 하루 종일 급한 불을 끄느라 여념이 없고 팀원들은 지시를 수행하느라 허겁지겁 하루를 보낸다. 변화가 절실하다.

앞서 이야기한 공장장은 그 후 어떻게 되었을까? 외부 코칭을 받은 지 두 달쯤 되었을 때 코칭 세션에서 그는 환한 얼굴로 자랑했다. 회의에서 일일이 지시하던 것을 멈추고 중요 사안에 대해서만 질문 중심으로 진행했더니 팀장들이 알아서 챙긴다는 것이다. 회의 분위기도 훨씬 좋아졌고, 수첩 빼곡히 지시할 내용을 적지 않아도 되어 주말을 쉴 수 있다며 기뻐했다.

생각을 없애는 질문, 만드는 질문

상대방이 스스로 생각할 수 있게 질문하는 것은 쉬운 일이 아니다. 어떻게 하면 좋을까? 여러 상황에서 공통적으로 적용할 수 있는 방법이 있다.

첫째, 짧고 간결하게 직접적으로 질문한다. 이해하기 쉽게 질문하고 상대방의 대답을 기다린다. 한 번에 2가지 이상의 질문을 던지면 초점이 흐려지고 답하기도 어려워진다.

둘째, 열린 질문을 활용한다. 닫힌 질문은 "네" 혹은 "아니오"로 답하게 만드는 질문이다. 선택지를 주고 고르게 하는 것도 닫힌 질문이다. 그에 반해 열린 질문은 상대방이 자유롭게 자신의 생각을 표현하도록 여지를 준다. 보통 '어떻게', '무슨 이유로', '어떤 점에서' 등의 의문사를 많이 쓴다. 리더가 이렇게 열린 질문을 사용하면 구성원이 고정된 틀에서 벗어나 새로운 시각을 갖도록 자극할 수 있다.

셋째, 긍정적으로 질문한다. 팀장이 질문하는 이유는 결국 조직의 목표를 달성하려는 것이다. 그러려면 당연히 긍정적인 질문으로 성취 동기를 유발해야 한다. 부정적인 질문은 질책이나 비난의 뜻을 담고 있어 직원을 방어적으로 만들고 에너지 레벨을 낮추어 오히려 사기를 저하시킨다.

닫힌 질문	열린 질문
✓ 시도를 해보긴 했나요?	✓ 어떤 시도를 해보셨나요?
✓ 하실 수 있겠어요?	✓ 어떻게 하시겠습니까?
✓ 이렇게밖에 안 됩니까?	✓ 어떻게 하면 잘할 수 있을까요?

부정 질문	긍정 질문
✓ 실수하면 안 되잖아요?	✓ 기준에 맞추려면 어떻게 하면 되겠어요?
✓ 목표 달성이 어렵다는 건가요?	✓ 어떻게 하면 목표를 달성할 수 있을까요?

한 팀장이 실수가 잦은 직원을 면담하게 되었다. 팀장은 직원에게 왜 실수가 많아졌는지 추궁하지 않고 "입사할 때 비전이 무엇이었지?"라고 질문했다. 이에 직원은 "외국 고객들에게 인정받는 글로벌 마케팅 팀장이 되는 것"이라고 대답했다. 다시 팀장이 "그렇게 멋진 비전을 향해 가려면 지금 무엇이 필요할까?"라고 묻자, 직원은 "요즘 제가 나태해져서 실수가 있었는데, 초심을 잃은 것 같습니다. 앞으로 주의하겠습니다"라며 스스로 돌아보는 모습을 보였다. 실수 이야기를 꺼내지 않았는데도 팀장의 열린 질문과 긍정 질문을 받고 거기에 답하면서 스스로 깨달을 수 있었던 것이다.

넷째, 직관을 활용하여 질문한다. 대화를 나누는 가운데 상대의 제스처나 분위기, 침묵 등으로부터 뭔가 마음에 짚이는 것이 있을 때 질문해보는 것이다. 제스처가 무슨 뜻인지, 침묵하면서 무슨 생각을 했는지 등을 질문한다. 직관으로 질문할 때 알아야 할 것이 있다. 그것은 그냥 떠오르는 것일 뿐 근거가 있는 판단이 아니라는 점이다. 옳아야 할 필요도, 주장할 이유도 없으니 직관대로 자연스럽게 묻고, 선택은 상대에게 맡기면 된다. 예를 들어 "지금 마음이 무거워 보이는데… 괜찮아요?", "뭔가 더 할 얘기가 있는 것처럼 보이는데, 어떤 것인가요?"와 같이 질문하고, 상대가 응하면 대화를 진전시키고, 아니라고 하면 그냥 넘어가면 된다.

다섯 째, 침묵을 불편하게 생각하지 마라. 질문하고 나서 곧바로 대답이 나오지 않으면 팀장 자신이 답해버리거나 다른 질문으로 넘어가버리는 식의 행동을 하는 경우가 많은데, 이는 상대가 생각해서 답할 공간을 주지 않는 것이다. 침묵을 견딜 줄 알아야 한다. 직원은 침묵하는 과정에서 나름대로 자기 생각을 정리하고 있는 것이므로 채근하지 말고 기다려줄 줄 필요가 있다. 질문하고 나서 속으로 천천히 숫자를 열까지 세어보는 습관을 들이는 것도 도움이 된다.

가벼운 질문, 좋은 질문, 무거운 질문

효과적인 질문을 하기 위해서는 가벼운 질문에서 시작해 좋은 질문으로 가는 것도 바람직하다. 대답하기는 어렵지만 삶이나 문제의 본질에 대해 묻는 무거운 질문은 '질의(inquiry)'라고도 표현한다. 질의는 즉답을 원한다기보다 거기에 대해 생각하는 과정을 통해 탐색을 하는 것 자체가 가치 있는 그런 질문이다. 이건희 전 삼성그룹 회장은 현장에서 경영자를 만나면 항상 업의 본질이 무엇인지를 묻곤 했다고 한다. 이러한 질문은 경영자들을 곤혹스럽게 만들었지만 한편으로는 사업에 대해 다시 생각하고 사업을 발전시키는 계기가 되었다.

가벼운 질문은 답변이 간단하고 명확한 질문으로 코칭받는 사람의 흥미와 관심을 유발하고, 관계를 형성하는 데 사용된다. 가벼운 질문은 예를 들어 "날씨가 참 좋네요. 주말에 뭐하셨어요?", "좋아하는 취미는 어떤 것이 있나요?", "요즘 어떤 책을 읽고 계세요?"와 같은 질문이다. 이러한 질문은 코칭받는 사람을 편안하게 만들고, 코칭에 대한 기대감을 높이는 데 도움이 된다.

좋은 질문은 코칭받는 사람의 생각과 감정을 탐색하고 자극하는 데 사용한다. 좋은 질문은 예를 들어 "그 상황에서 어떻게 느끼셨어요?", "그 일로 어떤 배움을 얻으셨나요?", "내가 상사(또는 부하직원)의 입장이라면 이런 상황을 어떻게 생각할까요?"와 같은 질문이다. 이러한 질문은 코칭받는 사람이 자신의 생각과 감정을 깊이 있게 들여다보고, 새로운 관점을 발견하는 데 도움이 된다.

질의(inquiry), 즉 무거운 질문은 깊이가 있고 대답하기에 어려운 질문이다. 예를 들어 "삶의 의미는 무엇인가요?", "당신에게 인생의 목적은 무엇인가요?", "당신이 생각하는 사업의 본질은 무엇입니까?", "당신이 CEO라면 무엇을 하고 싶은가요?"와 같은 것이다. 이러한 질문은 상대방의 내면을 들여다보고, 삶과 문제에 대한 근본적인 질문을 던진다.

어느 대기업 법무팀의 임원을 코칭할 때의 사례다. 여러 가지 사건의 뒷수습을 하느라 너무 바쁘게 일하는 임원의 모습을 보고 '이렇게 일하는 것이 과연 바람직한가?'라는 생각이 들었다. 그래서 던진 질문이 "대기업의 법무팀과 법무법인의 차이는 무엇이라고 생각합니까?"였다. 한참 침묵이 흐른 뒤 임원은 "법무법인은 사건이 발생한 다음 그 사건에서 유리한 판결을 받는 것입니다. 기업의 법무팀은 그러한 사건의 처리도 중요하지만, 더 중요한 것은 사건이 발생하기 전에 이슈를 선제적으로 관리해서 사건을 예방하거나 피해를 최소화하는 데 있습니다"라는 대답을 했다. 대답을 하고 나서 '우리의 업무 방식에 문제가 있다. 이제부터는 사건의 처리에 급급할 것이 아니라 선제적으로 이슈를 발굴하고 예방적 관리 업무에 보다 비중을 두고 일을 해야겠다'는 의식의 전환이 생겼다. 이러한 의식의 변화가 그분을 더 유능한 리더로 만들었고 법무팀의 일하는 방식을 근본적으로 바꾸는 계기가 되었다.

무거운 질문을 자주 사용하면 코칭을 받는 사람에게 부담을 주거나, 방어적인 태도를 보이게 할 수 있다. 따라서 효과적인 코칭을 위해서는 가벼운 질문에서 시작해 라포 형성과 신뢰관계를 잘 구축하고 좋은 질문을 중심으로 협력적 성찰을 진행하고 적절하게 무거운 질문을 활용해서 사고와 행동의 변화를 촉진하는 것이 바람직하다.

6장

어떻게 도달할 수 있는가

대안 탐색과 실행계획

질적으로 뛰어난 대안을 만들려면 충분한 아이디어를 확보해야 한다. 그것이 일정 수준을 넘어서게 되면 기존의 관점을 뒤집는 혁신적 대안을 창출할 수 있다.

»»»

아이디어를 죽이는 팀장, 살리는 팀장

대안 탐색은 도달할 목표와 현실 사이의 갭을 해소하는 방법을 찾는 단계다. 탐색을 위한 코칭이 활발하게 이루어지고 경청과 질문 등 다양한 스킬이 활용된다. 때에 따라서는 브레인스토밍으로 창의적인 아이디어들을 끄집어내기도 한다.

이 단계에서 리더가 해야 할 가장 중요한 일은 구성원들로 하여금 자신의 생각을 충분히 표현하도록 하는 것이다. 여기에서도 상호 간 신뢰와 대화 환경 조성에 주의해야 한다. 비난이나 사기를 저하시키는 말은 금물이다. "그게 그렇게 쉽게 되겠어?", "전에 해봤는데 실패했어", "너무 비용이 많이 들어", "시간이 오래 걸려", "우리가 그럴 여건이 안 돼", "좋은 생각이 아닌 것 같아" 같은 말은 사용하지 말아야 한다.

만약 구성원들이 아이디어가 없다고 말한다면 팀장은 그 이유를 곰곰이 생각해봐야 한다. 아이디어를 말하기가 어려운 분위기 때문은 아닌지, 팀장의 생각을 맞추는 정답놀이로 인식하여 아예 생각을 하지 않는 것은 아닌지, 아니면 진짜로 아이디어가 없는지 등을 감안하여 적절히 대처해야 한다.

아이디어를 부르는 가장 효과적인 방법 중 하나는 팀장의 격려와 인정이다. 말을 꺼내기를 꺼리는 소극적인 팀원도 격려해주면 신이 나서 아이디어를 내놓게 된다. 정말로 아이디어가 없어 어려움을 겪는 팀원에게는 '만약(에)…' 이라는 표현이 도움을 줄 수 있다. "만약 예산이 문제가 안 된다면 무엇을 할까?", "만약 경쟁사라면 이 문제를 어떻게 바라볼까?", "만약에 자네가 사장이라면 어떤 해법을 기대하겠나?"와 같이 상자를 벗어나서 생각하게 하는 질문으로 팀원의 창의적 지평을 넓혀줄 수 있다. 그 과정에서 나온 엉뚱한 아이디어가 조직과 세상을 바꾸는 혁신을 일으키는 원동력이 되기도 한다. 이것이 바로 코칭의 힘이다.

아이디어의 마중물

팀원들이 아이디어를 말할 때 팀장도 자신의 아이디어를 제시할 수 있다. 그런데 그보다 더 중요한 것은 마중물 역할이다. 마치 음식에 양념을 쳐서 맛을 내듯 중간중간에 팀원의 창의성을 자극하는 표현을 써서 아이디어어가 샘솟게 하는 것이다. 절대 아이디어를 강요하거나 유도하면 안 된다. 아끼고 존중하는 마음으로 팀원이 편하게 몰입하고 언제든 얘기할 수 있게 지원하고 촉진해야 한다. 이때 도움이 될 만한 질문들을 소개한다.

✓ 지금까지 어떤 시도를 해왔나요? 시도하지 못한 것은 무엇인가요?

✓ 새로운 관점에서 보면 어떤 것이 가능할까요?
✓ 지금보다 10배 용감하다면 무엇을 해볼 수 있겠습니까?
✓ 당신이 사장이라면 어떤 조치를 취할 것 같나요?
✓ 꼭 해보고 싶은데 주저하는 것은 무엇인가요?
✓ 어떤 방법을 취하면 이해당사자들을 만족시킬 수 있을까요?
✓ 함께 브레인스토밍을 해서 대안 리스트를 만들어볼까요?

창의적 대안의 발굴 과정

과제의 해결 방안을 마련하기는 쉽지 않다. 다른 사람들과 비슷한 시각으로는 더욱 어렵다. 차별화되면서 질적으로 뛰어난 대안을 만들려면 충분한 아이디어를 확보해야 한다. 그것이 일정 수준을 넘어서게 되면 기존의 관점을 뒤집는 혁신적 대안을 창출할 수 있다.

어느 하이테크기업의 디자인팀 팀장은 새로운 프로젝트를 시작하면 팀원들에게 50개의 아이디어(간략한 스케치)를 내도록 요구한다. 그러면 그중 30개는 기존의 아이디어와 다를 것이 없고, 팀장은 다시 다른 아이디어 20개를 추가로 요구한다. 그렇게 해서 최종 3개의 아이디어를 선택하여 고객들에게 보여주고 최종안을 결정한다. 이 과정이 프로젝트마다 이루어진다.

독창적인 해결안을 원한다면 충분한 양을 확보하는 노력이 필요하다. 탁월한 한두 사람에 의존하기보다 모두의 참여를 통해 아이디어가 많이 나오도록 독려할 필요가 있다. 창의적 대안은 그 과정에서 발굴되는 것이다. 잘 알려진 기법인 'TRIZ의 40가지 발상법' 등을 활용해도 좋을 것이다

관점 전환 1: 미래에서 현재 보기

생각하는 관점을 바꾸지 않고는 새로운 방법이나 대안이 나오기 어렵다. 코칭의 핵심 스킬 중 하나는 새로운 관점으로 바라보게 하는 것이다. '미래에서 현재보기'는 관점전환을 위한 코칭의 한 방법이다. 미래의 보다 성숙한 내가 현재의 나에게 조언을 하거나, 코칭 대상자가 원하는 미래의 모습을 먼저 설정한 후, 그 미래를 달성하기 위해 현재 무엇을 해야 하는지 역으로 생각하는 방법이다.

현재 시점에서 문제를 바라보면 현재의 수준에서 해결방안을 찾기 때문에 사고의 폭이 좁고 과감한 사고의 전환이 어렵다. 그러나 미래 특정 시점에서 보다 전문성과 경험을 갖춘 내가 현재를 바라보게 되면 보다 폭 넓은 시각으로 관점의 전환이 가능해진다.

미래에서 현재보기 방법은 코칭 대상자가 원하는 미래를 구체적으로 설정하도록 돕는다. 목표가 구체적이면 그 목표를 달성하기 위해 필요한 행동도 구체적으로 설정할 수 있다. 그리고 미래에서 현재보기 방법은 코칭 대상자가 원하는 미래를 시각화함으로써 동기부여를 향상시킨다. 자신이 원하는 미래를 상상하면 그 미래를 달성하기 위해 노력할 가능성이 높아진다.

한 회사의 영업사원이 목표를 달성하기 위해 새로운 영업 전략을 개발해야 하는 어려움을 겪고 있었다. 코칭을 통해 그 영업사원은 미래의 자신이 영업본부장을 맡고 있는 모습을 상상해보았다. 미래의 영업본부장은 어떤 전략을 사용하여 목표를 달성하고 있을까? 미래의 영업본부장은 어떤 어려움을 극복하고 있을까? 이 영업사원은 영업본부장을 상상하는 과정에서 새로운 영업 전략을 떠올릴 수 있었다. 미래의 영업본부장은 기존의 푸시형 영업 전략에서 벗어나 고객의 니즈를 보다 세밀하게 파악하고 고객과의 관계를 강화하는 데 집중하고 있었다. 이 직원은 그후 미래 영업본부장의 전략을 바탕으로 '가치제안형 영업전략'을 개발하여 차별화된 방식으로 목표를 달성할 수 있게 되었다.

'미래의 나'는 창조적 대안을 발굴하기 위한 강력한 도구다. 코칭을 받는 사람이 미래의 자신을 상상하고, 미래의 자신과 대화를 통해, 현재의 자신보다 몇 단계 높은 미래의 인물이 계획을 세우는 과정을 통해, 새로운 관점과 통찰력을 얻을 수 있게 된다.

관점 전환 2: 줌 인, 줌 아웃, 그리고 은유

관점을 전환해서 자유롭게 생각하기 위해 어떤 사안을 줌 아웃해서 멀리서 큰 시각에서 내려다볼 수도 있다. 예를 들어 직장 내에서 갈등 상황으로 괴로워하는 팀원에게, 상상으로나마 사무실에서 벗어나 멀리 높은 산에서 이 모습을 보라고 요청한다. 그리고서 거기에서 보니 어떻게 느껴지는가를 질문해보면 사소한 것들에 집착하는 관계나 사안들이 보인다고 말한다. 중요하지 않은 사소한 것들에서 벗어나 큰 시각에서 중요한 것이 무엇인지를 생각해보게 되는 것이다. 그것이 줌 아웃이다.

반대로 줌 인을 통해 생각하도록 코칭할 수도 있다. 미래의 커리어에 대한 코칭을 하는 경우, 목표 커리어와 이정표를 설정하고 나서, 현재 나의 일상을 자세하게 들여다보면서 무엇을 준비하고 있고 무엇에 시간과 에너지를 쓰고 있는지를 깨알같이 세세히 보게 하는 것이다. 현미경으로 보듯이 세밀하게 보면 무심코 간과하던 것들이 눈에 들어오는 식으로 현실을 더 잘 알게 되고, 개선점도 나오게 된다. 이것이 줌 인이다.

관점 전환을 위해 은유나 비유를 활용하는 것도 효과적이다. 은유는 코칭 받는 사람의 창의적인 상상을 통해 예상치 못한 사고의 도약을 만들어낸다. 현재의 사고방식에 대한 뜻밖의 본질을 드러내기도 한다. 예를 들어 고객사 담당자와의 관계가 껄끄러워 애를 먹고 있는 팀원에게 그 담당자와 자신의 관계를 은유적으로 표현하면 무엇인지 물어보는 것이다. 혹은 "날씨에 비유하면 어떤가?", "동물에 비유하면 어떤가?"와 같이 사고를 확장하는 질문을 하는 것이다.

이러한 과정은 관점 전환을 통해 새로운 생각을 촉진하는 것으로, 조언이나 가이드 대신 스스로의 생각을 돌아보게 함으로써 의식을 일깨우는 중요한 과정이 될 수 있다.

»»»

실행은 언제, 어떻게, 누가?

실행계획은 앞에서 나온 대안들 가운데 최적의 대안을 선택하여 이를 언제, 어떻게, 누가 실행할지에 대한 구체적 계획을 세우는 단계다.

제일 먼저, 대안별 이익과 리스크를 비교하여 목표를 달성하기에 가장 좋은 대안을 고른다. 대안은 구체적이고 목표 달성에 효과적이어야 하며, 또 정해진 기간 안에 실행할 수 있어야 한다.

실행계획은 육하원칙을 기반으로 하나하나 구체화해나간다. 팀장이 팀원에게 무엇을, 언제까지, 누구와 실행할 것인가를 묻고 답하여 실행의 그림을 그려나간다. 실행 과정에서 예상되는 장애물은 무엇인지도 확인하고 어떻게 할 것인지를 논의한다. 실행의 달성 수준을 평가하는 결과지표도 이때 설정하는 것이 바람직하다.

조직에서 보면 아이디어를 낸 사람에게 실행을 책임지게 하는 경우가 종종 있다. 바람직한 방법이 아니다. 아이디어를 낸 사람이 실행의 적임자가 아닐 수도 있고, 아이디어를 내려는 적극성을 위축시킬 수도 있기 때문이다. 앞서 말한 것처럼 아이디어는 충분히 나오게 하는 것이 좋다. 그런 다음 목표 달성을 위한 최적의 아이디어를 정하고(여러 아이디어를 묶는 것도 가능), 그것을 실행할 적임자를 찾는다. 여기서 아이디어 선택과 실행 기준에 대한 팀장과 팀원들 간 합의가 꼭 필요하다. 그렇지 않으면 좋은 아이디어가 있어도 말하지 않게 된다는 점을 상기해야 한다.

팀원들이 실행하지 않는 몇 가지 이유

팀장이 코칭을 통해 문제점과 해결책을 모두 공유했는데도 불구하고 팀원이 전과 같은 상태를 반복하는 경우가 있다. 약속한 대로 실행을 하지 않아 변화 없이 제자리에 있는 것이다. 이때는 실망하기에 앞서 무엇이 실행을 방해하고 있는지부터 확인해야 한다.

팀원이 실행하지 않는 데는 여러 이유가 있다. 팀장과 공유한 내용이 구체적이지 않거나, 역량이 부족하거나, 시간이 없어서 등이다. 실행 시점에 대한 인식차 때문인 경우도 있다. 팀장은 곧 실행할 거라고 생각했는데, 팀원은 '언제까지 하면 되겠지'라며 미루고 있는 상황일 수도 있다. 분명히 시점을 합의했는데도 불구하고 실행되지 않고 있다면 원인을 좀 더 근본적으로 파악해볼 필요가 있다.

팀장과 팀원이 서로 합의했다 하더라도 그 수준은 조금씩 다를 수 있다. 팀장의 생각이 더 많이 들어가기도 하고, 팀원의 의사가 적극 반영되기도 한다. 분명한 사실은 팀원이 직접 결정하면 실행력도 강해지지만, 팀장 눈치를 보느라 무리수를 두게 되면 부작용이 생길 가능성이 높다는 것이다. 기한을 지키지 않거나 다른 업무에 지장을 초래할 수도 있다. 가장 큰 부작용은 주인의식의 결핍이다. 코칭을 통했지만 팀원 자신의 계획과 결정이 아니기 때문에 일이 잘되지 않아도 “팀장이 시켜서 했다”고 하면서 일에 대한 책임을 회피하게 된다. 일이 잘못되어도 팀장이 책임을 질 거라는 생각으로 방관자적 태도를 보인다.

목표의 달성 여부는 구성원의 마음가짐과 밀접한 관계가 있다. 주도적인 자세로 실행에 나서지 않으면 목표 달성이 요원해진다. 주도성을 높이려면 팀장과 팀원이 언제까지 할 것인지, 왜 그때까지 해야 하는지 등에 대해 충분히 협의하고 실행을 위한 합의를 이루어야 한다. 이 과정에서 서로의 인식을 점검하고 문제를 재발견하는 미니 코칭을 진행할 수 있다. 실행 가능성을 높이고 신뢰의 파트너십을 더 강하게 해줄 것이다.

언제까지 할 생각이에요?

실행계획 수립 시에 사용할 수 있는 유용한 질문들을 아래에 예시한다.

✓ 여러 대안들 중에서 무엇을 실행하려고 하나요?
✓ 그것을 선택한 이유는 무엇인가요?
✓ 그것을 실행하면 원하는 목표에 도달할 수 있나요?
✓ 언제까지 하려고 하나요?
✓ 예상되는 장애물은 무엇인가요?

- ✓ 장애물을 어떻게 극복하면 좋을까요?
- ✓ 조직에서 지원해야 할 일이 있다면 무엇인가요?
- ✓ 언제 어떤 방법으로 점검하면 좋을까요?

»»»

결국 모든 성과는 이것이 좌우한다

무슨 일이든 궁극적으로 성과를 좌우하는 것은 목표와 계획의 정합성, 실행력의 수준이다. 조직에서는 특히 목표와 계획의 정합성이 중요한데, 이것이 제대로 이루어지지 않으면 실행력은 낮아지고 성과는 저조할 수밖에 없게 된다.

목표 수립의 최우선 기준

계획 수립은 일반적으로 톱다운(top-down) 방식과 보텀업(bottom-up) 방식으로 진행된다. 많은 기업들이 톱다운 방식으로 계획을 수립하는데, 목표와의 정합성은 높을 수 있지만 구성원들의 오너십은 결여되기 쉽고, 그만큼 몰입도가 낮을 가능성이 크다. 반대로 보텀업 방식은 직원들의 오너십과 몰입도는 높은 반면, 목표와 계획의 정합성은 낮은 편이다. 목표 달성에의 기여도가 낮거나 심지어 무관한 업무에 집중하는 경우도 왕왕 있다.

예를 들어 거래선 방문과 제안에 대한 실행계획을 세운 영업사원이 있었다. 목표 달성을 위해서는 다소 어렵고 불편해도 신규고객을 타깃으로 다양한 접촉을 시도해야 하는데도 그는 관계가 좋고 편한 거래선을 찾아 제안을 하겠다는 계획을 제출했다. 겉으로는 별 문제가 없어 보였지만 목표와의 정합성은 떨어지는 계획이었다.

팀장은 팀원들이 계획을 수립할 때 가장 먼저 목표와의 정합성을 점검하고 정합성이 없거나 낮은 업무는 제거하고, 정합성이 높고 영향력이 큰 실행 항목에 집중하도록 코칭할 필요가 있다.

실행력을 높이는 방안

계획 수립 시 또 하나의 체크 포인트는 실행시스템 구축이다. 많은 리더가 실패하는 것은 아이디어 부족 때문이 아니라 아이디어를 현실로 만들지 못해서인 경우가 대부분이다. 아이디어가 아무리 좋아도 그 차원에서 머물면 아무 일도 이룰 수 없다. 그래서 실행력이 중요하다.

실행력을 높이려면 기존의 관행이나 행동방식에 빠져 있어서는 안 된다. 목표에 도달하기 위한 더 낫고 새로운 방식이나 시스템을 개발하고 그것을 체질화해나가야 한다.

미용업계의 유명 브랜드인 '준오헤어'에서는 구성원의 미용 실력과 사업 역량을 개발하기 위해 여러 가지 시스템을 개발하여 활용하고 있다. 독서경영과 준오아카데미도 이러한 시스템의 일환이다. 준오아카데미는 준오헤어의 구성원들이 미용 기술과 경영 지식을 체계적으로 배울 수 있도록 지원하는 교육제도다. 독서경영은 준오헤어의 구성원들이 지속적으로 자기계발을 통해 미용사를 넘어 사업가로 성장할 수 있도록 지원하는 프로그램이다. 초기에는 독서경영에 대한 오해와 불만이 많았지만 현재는 구성원들의 경영자 마인드를 개발하는 효과적인 실행시스템으로 자리 잡았다. 이러한 시스템 덕분에 준오헤어는 1982년 1호점을 시작으로 현재 170여 개의 매장과 3,300여 명의 직원이 근무하며 매출액이 2,000억 원에 달하는 기업으로 성장을 지속하고 있다.

실행력을 높이는 또 한 가지 방안은 SMART코칭모델의 주기를 짧게, 여러 번 반복하는 것이다. 짧은 주기로 코칭모델을 반복하면 각 단계를 더욱 심화할 수 있고, 잦은 리뷰와 피드백을 통해 학습 효과와 실행력을 크게 높일 수 있다.

구글이 목표를 달성하는 방식은 '월요일에 점검하고 전념하라, 금요일에 축하하고 공유하라'다. 시작할 때 목표 하나를 정해놓고 마감 시점에 마술처럼 달성되어 있기를 기대하는 것은 나태하고 무책임한 태도다. 실행력을 강화하여 주간 단위로 '점검'과 '축하'라는 규칙적인 리듬을 타는 것이 중요하다. 또한 당면한 문제해결에서 그치지 말고 지속적으로 성과를 창출하고 구성원을 육성할 수 있는 구조와 제도, 시스템을 구축해야 한다.

중간보고의 중요성

중간보고는 효과적인 업무 수행, 소통 활성화, 구성원의 성장을 촉진하는 데 매우 중요한 도구다. 리더뿐만 아니라 구성원들도 중간보고의 중요성을 인식하고 보다 적극적으로 중간보고를 활용함으로써 업무를 성공적으로 추진하고 학습을 통해 성장할 수 있는 기회를 확대해나가야 한다. 중간보고는 신뢰 구축, 성과 창출과 구성원의 성장을 동시에 구현할 수 있게 하는 마술 지팡이 같은 기능을 하는 소중한 기회의 장이라는 인식 전환이 필요하다

업무를 수행할 때는 시작점에서 업무에 대한 정의, 목표 수준, 마감 기일에 대한 협의와 합의를 하는 것이 매우 중요하다. 종종 이러한 과정을 무시하고 애매한 업무 지시와 때우기식 업무 처리를 할 경우 업무 성과에 문제가 발생하게 된다. 구성원이나 리더가 상당한 노력을 기울이는 경우에도 커뮤니케이션의 문제나 생각의 차이로 인해 업무 수행에 문제가 발생하기도 한다. 업무를 수행하다 보면 예상대로 업무가 진행되는 경우보다 그렇지 못한 경우가 더 많이 발생한다. 따라서 중간보고를 통해 변화된 상황을 공유하고 조율해 나가는 것이 중요하다.

중간보고는 업무 진행을 방해하는 문제 또는 병목 현상을 식별하는 데 도움이 된다. 특히 다른 사람의 지원이나 다른 부서의 협력이 필요할 경우에는 혼자 문제를 처리하는 어려움이 따를 수 있다. 이러한 문제가 중간보고를 통해 확인되면 리더의 코칭과 지원을 통해 문제를 효과적으로 해결할 수 있다.

중간보고는 구성원에게 과정에 대한 점검과 학습 기회를 제공한다. 리더는 중간보고를 통해 피드백을 제공할 수 있으며, 구성원은 이 피드백을 통해 역량 향상과 성과를 개선할 수 있다.

중간보고는 잠재적인 위험이 심각한 문제로 확대되기 전에 식별하는 데 도움이 된다. 이러한 사전 위험관리는 장기적으로 시간, 노력 및 자원을 절약할 수 있게 해준다.

중간보고는 다음의 방식으로 하는 것이 효과적이다.

• 사전에 보고 시기와 방법 합의

중간보고를 효과적으로 하기 위해서는 과제를 부여할 당시 과제의 성격과 중요도에 따라 보고의 시기와 방법을 리더와 구성원이 합의하는 것이 바람직하다. 특히 조직에 큰 영향을 미치는 중요한 과제의 경우는 보다 자주 철저한 중간보고를 통해 업무가 성공적으로 진행될 수 있도록 리더와 구성원이 함께 관리해야 한다. 구성원의 의식과 역량으로 충분히 감당할 수 있는 과제의 경우에는 구성원에게 진행을 일임하고 문제 발생 시에만 보고를 하도록 하는 것이 바람직하다.

• 사실에 입각한 정확한 보고

구성원은 부정적인 평가나 비난을 받지 않으려고 과제 수행에 문제가 발생하더라도 이를 보고하지 않는 경우가 종종 발생한다. 그러나 과제 수행의 성공을 위해서는 과제 수행의 상태에 대해 정확하게 보고를 해야 하며, 특히 문제가 발생했을 경우에는 즉각적인 보고를 통해 조기에 문제를 해결하고 리스크를 리더와 함께 관리하는 것이 바람직하다.

• **중요한 변화 발생 시 신속한 보고**

사전에 중간보고 시기를 미리 정해둔 경우에도 중대한 상황 변화나 문제가 발생할 경우 신속하게 보고하는 것이 중요하다. 리더는 많은 경험과 자원, 네트워크를 가지고 있으므로 리더의 지원을 받을 경우 문제를 보다 신속하게 해결할 수 있다.

• **학습과 성장의 기회로 활용**

구성원들이 중간보고를 평가의 형태로 인식하면 보고를 꺼리거나 왜곡된 보고를 하게 된다. 그러나 중간보고를 점검과 피드백을 통한 학습과 성장의 기회로 인식하면 중간보고에 대해 보다 열린 마음으로 대할 수 있다. 평가를 위해서는 과제의 최종적인 결과가 중요하지만, 중간보고는 과제의 진행 상황을 리더와 함께 점검하고 리더의 피드백과 조언을 통한 학습과 성장의 기회로 인식하는 것이 바람직하다.

7장

잘하는 것은 무엇이고, 못하는 것은 무엇인가

리뷰 & 피드백

성과 관리와 인재 육성의 핵심 요소는 리뷰와 피드백이라고 해도 과언이 아니다. 대부분의 계획은 실행 단계에서 오차가 발생한다. 이 오차를 극복하고 원래의 궤도로 복원시키는 힘, 그 과정에서 학습과 육성이 이루어지게 하는 힘이 바로 리뷰와 피드백이다.

»»»

'진도 관리'가 성과의 질을 높인다

리뷰와 피드백은 계획의 실행과 결과를 들여다보면서 의견을 교환하는 단계다. 이 단계를 소홀히 하면 원하는 결과를 얻을 수 없다. 그런데도 소홀히 하는 경우가 많다. 팀원은 바빠 보이는 팀장을 귀찮게 하고 싶지 않다는 선한 마음에 이 단계를 생략하고, 팀장은 팀원을 간섭하는 것으로 비춰질까 봐 꺼리거나 바쁜 나머지 내맡기고 결과만 확인한다.

좋은 결과를 내려면 과정을 살피는 '진도 관리'가 필요하다. 팀장은 팀원의 업무 수행을 점검하고, 필요한 피드백을 주며, 방해물을 치워주는 역할을 해야 한다. 그렇지 않으면 의외의 부작용이 발생하게 되고 손발을 쓸 수 없는 지경에 이르기도 한다.

팀장은 피드백을 통해 수정과 보완이 이루어지게 하고 과정에 대한 성찰을 통해 많은 학습과 깨달음이 일어나게 해야 한다. 필요한 경우에는 이전 단계로 돌아가 목표와 현재를 재점검하고, 대안을 다시 모색하고, 보다 나은 실행계획을 세워 팀원이 목표를 성공적으로 달성할 수 있게 해야 한다. 이와 같은 팀장의 프로세스를 통해 팀원은 문제들을 극복하고 끝내 목표를 달성하는 돌파력을 갖추게 된다.

잘할 때와 못할 때의 피드백

리뷰와 피드백이 성공하기 위한 한 가지 방안은 팀장과 팀원이 정기적으로 점검회의를 갖는 것이다. 이슈나 필요가 생겼을 때 논의할 수도 있지만, 리뷰 일정을 정례화하면 목표 달성이 어느 정도 되었는지, 잘하고 있는 것은 무엇이고 다르게 해야 할 것은 무엇인지 제때 점검하고 보완할 수 있다. 이때 팀장이 주어야 할 것이 건설적인 피드백이다. 이룬 성과는 진심으로 인정하고 축하한다. 부족한 면이 보일 때에도 피드백의 초점은 개선이 요구되는 행동과 향상되어야 할 역량에 맞추어야 한다. 판단이나 비난이 아닌 원하는 행동을 합의하는 피드백이어야 한다.

이 단계는 상호 신뢰와 파트너십을 더욱 탄탄하게 만들어주므로 구성원의 몰입도와 목표 달성률을 높일 수 있는 가장 좋은 기회라고 할 수 있다. 여기서 사용할 수 있는 질문과 코멘트들을 예시한다.

✓ 지금까지 진행 상황은 어떤가요?
✓ 이렇게 중간 결과를 만드느라 수고 많았습니다. 실행력이 좋습니다.
✓ 현재까지의 성과에 대해 10점 만점에 몇 점을 주겠습니까?
✓ 목표 달성을 위해 잘하고 있는 것은 무엇이고, 다르게 해야 할 것은 무

엇입니까?

∨ 함께 축하하고 싶은 것은 무엇입니까?

∨ 팀에 (어떠어떠한) 기여를 하고 있습니다. 리더로서 감사한 마음입니다.

∨ 일하면서 당신의 어떤 역량이나 강점이 잘 발휘되고 있습니까?

∨ 일하는 과정에서 새롭게 배운 것, 파악한 것은 무엇입니까?

∨ 조직 전체에 공유하고 알려야 할 것이 있다면 무엇입니까?

∨ 중단하거나 줄여야 할 행동은 무엇이고, 더해야 할 행동은 무엇입니까?

∨ 우리가 통제할 수 없었던 요인은 무엇입니까?

∨ 그럼에도 불구하고 우리가 할 수 있었는데 부족했던 행동이 있다면 무엇입니까?

∨ 무엇을 도와주면 좋겠습니까?

∨ 일하는 걸 관찰해보니 OOO가 더 필요해 보이는데, 어떻게 생각합니까?

∨ 당장 힘에 겨운 일일 수 있습니다. 어떻게 그 역량을 키울 수 있을지 생각해볼까요?

»»»

피드백이 없으면 구성원은 무능해진다

적지 않은 리더들이 구성원들에게 피드백을 주거나 받는 것을 거북해한다. 적절한 피드백 없이 연말 고과에만 반영함으로써 구성원들의 불신을 초래하는 경우가 종종 있다.

A팀장은 직원들에게 피드백 주는 것을 매우 불편해했다. 그는 자신의 의견이 직원들에게 부담을 줄 수 있다고 생각했고, 피드백을 주고 나서 직원들과 갈등을 일으키지 않을까 걱정을 하고 있었다. 이러한 이유로 꼭 필요한 경우에도 직원들에게 피드백을 주지 않는 경우가 많았다.

A팀장의 이러한 태도 때문에 구성원들의 성장이 저해되었다. 구성원들은 자신의 잘못을 알지 못하고 같은 실수를 반복하는 경우가 많았다. 또한 직원들은 A팀장의 피드백을 기대하지 않게 되었고, 스스로 성장하기 위한 노력을 게을리하는 경우가 많았다. 그리고 피드백이 없이 주어지는 A팀장의 인사고

과는 구성원들의 큰 불만사항으로 표출되었다. A팀장은 이러한 리더십 평가 결과에 따라 코칭을 받게 되었고, 코칭을 통해 피드백의 중요성을 인식하고 효과적인 피드백 방법을 학습하고 훈련하기로 했다.

피드백에는 자동조절 기능이 있다. 어떤 결과에 원인으로 작용하여 조절하고, 그 결과에 다시 원인으로 작용하게 된다. 이러한 피드백을 받지 못하면 자신이 잘하고 있는지, 상사가 자신의 업무 수행에 만족하고 있는지 알 수가 없다 같은 패턴을 반복하게 되고 매너리즘에 빠져 의욕마저 상실하게 된다.

"피드백을 못 받으면 직원은 무능해지고, 리더는 독재자가 된다."

로버트 카플란(Robert Kaplan) 하버드 비지니스스쿨 교수의 말이다.

피드백 주기를 불편해하는 리더는 다음과 같은 방법으로 해결 방안을 모색해볼 수 있다.

첫째, 피드백의 목적과 효과를 이해한다. 피드백의 주된 목적은 직원의 성장을 돕기 위한 것이지, 직원을 평가하기 위한 것이 아니다. 피드백의 목적과 효과를 이해하면 피드백을 주는 것에 대한 부담감을 줄일 수 있으며 직원들의 피드백에 대한 수용도도 높일 수 있다.

둘째, 피드백을 주는 방법을 익힌다. 피드백을 효과적으로 주는 방법을 익히면, 자신감이 증가하고 보다 쉽게 직원들이 피드백을 받아들일 수 있는 환경을 조성할 수 있게 된다.

피드백의 성공 조건

리더의 가장 중요한 책무 2가지는 성과 창출과 직원 육성이다. 피드백을 하지 않는 리더는 이러한 책무를 포기하는 것과 다를 바가 없다. 그런데도 피드백에 소홀한 리더가 많다. 선배로부터 배운 경험도 없고, 따로 배울 기회도 적었기 때문이다. 배웠다고 해도 시간이 부족해 활용하기에 부담스럽고, 괜한 피드백 때문에 직원과의 관계가 나빠질지 모른다는 두려움도 안고 있다. 피드백이 여러모로 리더에게 도전적인 이유다.

피드백은 리더의 용기를 필요로 한다. 하지만 절로 우러나오지 않는다. 진심으로 직원의 변화와 성장을 바라는 마음, 진정성이 있어야 용기를 내어 피드백할 수 있다.

세심하고 지속적인 관찰도 중요하다. 육성에 대한 책임감을 갖고 직원을 면밀히 관찰해야 그 결과를 토대로 피드백할 수 있다. 행동과 업무에 관한 사실에 기반하지 않고 주관적 느낌으로 하는 피드백은 오해와 갈등만 일으키기 쉽다.

타이밍도 적절해야 한다. 기억조차 잘 나지 않는 오래전 내용을 가지고 피드백하면 효과도 미미할뿐더러, "언제 적 이야기를 지금 하시는 거냐?"는 식의 반감을 유발할 수 있다.

피드백이 효과가 있으려면 가장 중요한 것이 수용하려는 구성원의 마음자세다. 구성원이 수용해야 변화도 일어나고 성장도 기대할 수 있다. 그렇지 않으면 피드백을 했다 하더라도 헛수고일 따름이다. 어떻게 하면 리더의 피드백을 구성원이 기꺼이 수용하게 할 수 있을까?

받아들여지는 피드백

코칭 전문가 토머스 크레인은《코칭의 핵심》이라는 책에서 코칭받는 사람의 느낌을 강조했다. 효과적인 피드백을 위해서는 무엇보다 상대방이 자신을 존중하고 있다는 것을 느끼게 하여 스스로 선택할 수 있게 해야 한다는 말이다. 리더의 피드백에 어떻게 반응해야 하는지도 자신에게 달려 있다고 느끼게 해주어야 한다.

직원의 수용성을 높이는 피드백을 바라는 리더에게 도움이 될 몇 가지 기준을 제시한다.

첫째, 지배하거나 관리하려 하지 말고 도움을 주려는 마음으로 피드백한다. 진정으로 직원의 성장을 위해 애쓰고 있음을 알게 하여 신뢰감을 조성한다.

둘째, '내 생각에는~'이라는 말을 앞세워 리더의 주관적 견해임을 밝힌다. 그렇지 않으면 직원이 지시적이라고 느껴 마음의 방어벽을 칠 수도 있다.

셋째, 직원이 받아들이기에 적절한 타이밍을 찾는다. 직원과 리더 모두 차분한 마음 상태일 때가 제일 좋다. 방금 일어난 일로 흥분된 상태이거나 뜬금없이 오래전 일을 끄집어내어 피드백을 하면 역효과가 날 가능성이 크다.

넷째, 판단과 평가를 내려놓고 실제로 벌어진 일과 직원이 보인 행동, 그로 인한 영향에 대해서만 이야기한다. 간단하게, 꾸밈없이 전달하면 거부감 없이 마음을 열고 받아들일 것이다.

다섯째, 진솔하게 말한다. 거짓이 없어야 신뢰를 쌓을 수 있고, 신뢰가 있어야 리더의 마음이 제대로 전달될 수 있다. 진솔함이 최선이다.

아는 영역은 커지고, 모르는 영역은 줄어들고

미국의 심리학자 조지프 루프트(Joseph Luft)와 해리 잉햄(Harry Ingham)이 만든 '조해리의 창(Johari's Window)'이 있다. 자기 이해와 정보 처리를 나타내는 도구로서, 크게 4가지 영역으로 나눈다. 자신도 알고 타인도 아는 영역, 자신은 아는데 타인은 모르는 영역, 자신은 모르는데 타인은 아는 영역, 자신도 모르고 타인도 모르는 영역 등이다.

피드백을 통하면 아는 영역은 커지고 모르는 영역은 줄어든다. 그러면서 파트너십의 토대가 강화된다.

타인은 아는데 나만 모르는 영역, 즉 맹목(Blind) 영역도 피드백을 통해 파악할 수 있다. 리더는 자신의 업무 방식이나 리더십에 대해 직원들이 어떻게 인식하는지 모르지만 피드백을 받아보면 확인 가능하다. 그중 대표적인 것이 '360도 다면평가'다. 리더십 코칭에서도 이 평가 결과를 활용한다. 코치와 리더가 함께 들여다보면서 다른 사람들이 리더를 어떻게 보고 있는지 알게 되는데, 대부분 깜짝 놀라는 반응을 보인다. 타인만 알고 자신은 몰랐던 맹목 영역에 발을 들여놓으며 타인의 눈에 비친 자신의 모습을 보는 순간, 큰 충격

	자신이 알고 있는 영역	자신이 모르는 영역
타인이 알고 있는 영역	공개된 영역 (Open)	맹목 영역 (Blind)
타인이 모르는 영역	숨겨진 영역 (Hidden)	미지의 영역 (Unknown)

을 받는 것이다.

숨겨진(Hidden) 영역은 어떨까? 나는 알지만 다른 사람은 모르는 이 영역은 흔히 승진이나 이동하는 경우에 풀어야 할 문제로 다가온다. 즉, 나에 대해 잘 모르는 구성원들 사이에 이미 잘못된 소문이나 오해, 선입견 등이 퍼져 있는 경우가 적지 않은데, 빨리 해결하는 것이 좋다. 이럴 때는 GE에서 활용하는 방법으로 널리 알려진 '새로운 매니저 적응(New Manager Assimilation)' 프로그램을 참조할 수 있다. 신임 리더에 대해 구성원들이 궁금한 것, 더 알고 싶은 것 등을 제출하게 한 다음, 리더가 기회를 만들어 설명회를 갖는 것이다. 구성원들은 떠도는 소문이나 인상으로 갖게 된 편견과 오해를 바로잡을 수 있고, 리더는 구성원들이 기대하는 것을 정확히 이해할 수 있는 자리다. 둘 사이의 인식차를 줄여 신뢰관계를 형성하는 데 큰 의미가 있다. 새로운 리더가 왔을 때뿐만 아니라 평소에 필요할 때 이 프로그램을 실시하면 이해의 영역을 더욱 넓힐 수 있을 것이다.

리더와 구성원들이 피드백을 주고받으면 맹목 영역과 숨겨진 영역은 줄어들고, 나도 알고 너도 아는 공개된 영역은 더욱 커지게 된다. 그리고 상호 이해가 높아지면 원활한 소통이 자연스러운 결과로 주어질 것이다.

»»»

리더의 언어는 중립적이어야 한다

"말은 몸속으로 들어온다. 그래서 우리를 건강하게 하고 희망차게 만들며 행복하게 한다. 그러나 말은 우리 몸속으로 들어와 우리를 우울하게 하고 아프게도 한다."

미국 작가 마야 엔젤루(Maya Angelou)의 말이다. 언어는 어떻게 사용하느냐에 따라 우리를 행복하게도 하고 괴롭게 만들기도 한다.

리더는 언어를 주의 깊게 선택하여 사용해야 한다. 좋은 영향력을 주는 메시지를 주거나, 효과적인 코칭을 하는 데에도 리더의 언어는 중요하다. 장황하지 않고 간명한 언어, 복잡하지 않고 명료한 언어, 판단이나 비판하지 않는 중립적 언어가 필수다. 특히 코칭에서 구성원들의 자발성을 이끌어내는 수평적인 코칭 관계에서는 중립적 언어가 필수다.

중립적 언어란 옳다, 그르다, 좋다, 싫다 식으로 평가하는 언어가 아닌 사실에 초점을 맞추는 언어다. 자기중심의 에고를 내려놓은 언어다. 팀장이 주관적 감정이나 부정적 평가 등을 담은 언어를 쓰면 팀원의 몸속으로 들어가 에너지를 떨어뜨리고 동기를 약화시킨다.

"직장생활 처음이야? 하라면 해야지!"라는 강압, "안 맞으면 그만둬야지"라는 위협, "대리 3년차가 고작 이것밖에 못해?"라는 비난의 언어를 쓰는 리더들이 있다. 자극을 가해 행동을 개선하려는 의도라고 말하지만, 의욕을 죽이고 불신을 키울 뿐이다. 어떤 경우에도 삼가야 한다.

중립적 언어 사용법

코칭의 언어는 중립적이다. 감정적이고 극단적인 언어는 코칭의 언어가 아니다. 어떻게 하면 언어를 중립적으로 사용할 수 있을까?

첫째, 자신의 판단이나 인식이 아닌 사실에 초점을 맞추어야 한다. 사람들은 대부분 자신의 경험 렌즈를 통해 상황을 인식하고 해석한다. 예를 들어 지각한 팀원에게 "자네는 왜 맨날 지각이야?"라고 질책하는 팀장이 있다. 사실은 지지난 주에 한 번, 그리고 오늘 지각한 건데 매일 지각한 것처럼 얘기한다. 주관적 자기 인식에 사로잡혀 과장되게 말한 것이다. 이런 언어는 팀원에게 억울한 마음이 들게 하고 반감을 일으켜 더 이상 팀장의 말이 귀에 들어오지 않게 만든다.

둘째, 평가하거나 비난하지 않아야 한다. 잘못을 말하지 말라는 게 아니라 존재 자체를 평가하거나 비난하지 말라는 뜻이다. 업무 처리가 느린 과장에게 "과장 2년차가 이것밖에 못해? 신입사원도 그보다는 낫겠다"는 식으로 비하해서는 곤란하다. 특히 똑똑한 팀장일수록 팀원의 업무 수준을 평가절하하는 언어를 사용하는 경우가 많은데, 팀원을 방어적이고 수동적으로 만드는 결과를 초래할 뿐이다. 팀장의 경험과 전문성이 팀 전체를 향상시키기는커녕 장애가 되어버린다.

셋째, 자기중심성을 낮춘다. 어느 팀장은 근무하면서 가장 존경했던 선배가 누구냐는 질문에 자신을 믿고 일을 맡겨준 상무님이었다고 말했다. 그때는 정말로 신이 나서 일했고, 그 상사를 위해서라면 무슨 일이든 할 것 같았다고 회상했다. 그런데 아이러니하게도 팀장은 다면진단에서 팀원들로부터 "미주알고주알 지적하여 힘들다"는 불평을 사고 있었다. 믿고 맡기는 상사를 존경한다면서 정작 자신은 자기중심성의 덫에 걸려 중립적 언어를 쓰지 않았던 것이다.

"도대체 지금까지 뭘 한 거야?" → "어떻게 하면 빨리 끝낼 수 있겠나?"

몇 가지 상황을 설정하여 중립적 언어를 연습해보자.

• 팀원이 업무를 제때 끝내지 못했다. 참지 못한 팀장이 "도대체 지금까지 뭘 한 거야?"라며 추궁했다. 이를 어떻게 중립적 언어로 바꿀 수 있을까?

"도대체 지금까지 뭘 한 거야?"라는 말은 해놓은 게 없다는 추궁이자 능력이 없다는 비하의 표현이다. 팀원에게 조급함과 위축감 말고는 주는 게 없다. 이럴 때는 "어떻게 하면 빨리 끝낼 수 있겠나?"라고 묻는 것이 효과적이다. 여유가 있다면 "어떤 점 때문에 진도를 나가기 어려운가?"라고 점검해보라. 일이 늦어지는 이유를 분명히 알 수 있는 기회가 될 것이다.

• 팀장이 사업계획서 작성을 지시했는데 팀원이 가져온 결과물이 실망스럽다. "이걸 계획이라고 올렸어? 생각이 있는 거야 없는 거야?"라고 질책한다.

팀장에게 "생각이 있는 거야 없는 거야?"라는 말을 들은 팀원의 속마음이 어떨까? 마음이 상하고, 할 말은 많지만 괜히 화만 키울 것 같아 입을 다물고 가만히 있을 것이다. 반성하고 새롭게 해보겠다는 생각을 갖지 못할 것이다. 사업계획서가 부족하더라도 질책하지 말고 팀장의 견해를 사실적으로 밝히고 다시 작성하도록 격려하는 게 낫다. "내 생각에 OOO 내용이 빠져 있는 것 같은데, 자네 생각은 어떤가?"라고 말하고 그에 대한 팀원의 의견을 물어주면 어떨까? 질문을 통해 주도성을 돌려주었으므로 팀원은 반성하고 스스로 새로운 내용을 보완하여 다시 사업계획서를 작성할 의욕을 가질 수 있을 것이다.

• 지각한 김 대리에게 팀장이 "왜 맨날 지각이야? 회사 다니기 싫어?"라고 협박하듯 말했다.

김 대리는 하루 종일 기분이 상한 채로 어서 근무시간이 끝나기만을 기다릴 것이다. 서로에게 좋을 것이 없다. 협박 대신 지각한 원인부터 알아보는 게 좋다. "김 대리, 요즘 지각이 잦은데 무슨 사정이 있어?"라고 물어보는 게 먼저다. 김 대리가 사유를 이야기하면 "그렇구나" 공감해주고 나서 "어떻게 하면 정시에 출근할 수 있겠어?"라고 재차 물어 스스로 대안을 세우고 약속하게 한다. 또는 "지각이 잦으면 팀에 좋지 않은 영향을 주니 다음부터는 지각하지 마세요"라고 확실한 메시지를 줄 수도 있을 것이다.

»»»

피드백의 두 얼굴

피드백에도 바람직한 피드백과 바람직하지 않은 피드백이 있다. 바람직한 피드백은 긍정적인 결과를 이끌어내는 피드백을 말하고, 바람직하지 않은 피드백은 부정적인 영향을 미치는 피드백을 가리킨다.

미국의 비즈니스 컨설턴트 리처드 윌리엄스(Richard Williams)는《피드백 이야기》에서 바람직한 피드백을 지지적 피드백과 발전적 피드백으로, 바람직하지 않은 피드백을 학대적 피드백과 무의미한 피드백으로 구분했다.

좋은 성과엔 '지지적 피드백'

잘하는 직원을 더 잘하게 하려면 리더의 지지적 피드백이 필요하다. 잘한 것에 대해 긍정적 피드백을 받은 직원은 인정받았기 때문에 더 큰 동기를 가지고 일에 임하게 된다. 리더가 좋은 성과를 당연시하여 피드백을 하지 않고 내버려두거나 더 많은 업무를 부여하게 되면 직원은 일에 대한 흥미를 잃거나 심한 경우 번아웃되어 도리어 성과가 나빠질 수 있다. 잘하는 직원에게는 반드시 지지적 피드백을 통해 성취감을 느끼게 하고 자신이 조직에 꼭 필요한 사람이라는 인식을 심어줄 필요가 있다. 그래야 성장과 성과 향상의 선순환이 일어날 수 있다.

지지적 피드백 방법

긍정적 행동의 지속을 독려하는 지지적 피드백은 가장 강력한 동기부여 수단이다. 여기에 적용할 구체적 방법으로 ABC 피드백이 있다.

Act: 실제 결과와 행동에 초점을 맞춘다.

Being: 상대방의 존재 그 자체를 인정하고, 그의 강점이나 잠재력, 가능성, 성품, 가치, 긍정적 의도 등을 표현해준다.

Contribution: 그의 결과와 행동이 조직과 그 자신에 미칠 영향에 대해서도 스스로 알아차릴 수 있게 이야기한다.

예를 들어 오 대리가 신입사원들에게 업무연락서 작성법을 가르쳐주었다면 다음과 같이 지지적 피드백을 실천할 수 있다.

A: 오 대리, 신입사원들에게 업무연락서 작성법을 가르쳐주었군.

B: 후배들을 생각하는 마음이 따뜻하고 친절하네.

C: 덕분에 신입사원들이 일도 빨리 배우고 적응을 잘해서 조직에 많은 도움

이 되겠어. 후배들이 오 대리를 따르면서 팀워크도 더 좋아질 것 같고.

부족한 성과엔 '발전적 피드백'

부족한 면이 있거나 실수를 자주 하는 등 바람직하지 않은 행동을 보이는 직원에게는 발전적 피드백을 해준다. 성가시고 불편하다고 해서 모른 척하고 넘기면 직원은 성장할 수 없다. 그런데 많은 리더들이 발전적 피드백을 어려워한다. 혹여 관계가 나빠지지 않을까 우려하거나 언젠간 달라지겠지 기대하며 방치하는 경우도 적지 않다. 그런 리더 밑에서 알아서 성장하는 직원은 없다.

발전적 피드백은 리더가 직원의 거울이 되어 직원 스스로 돌아보게 하는 것이다. 직원은 거울에 비친 자기 모습을 통해 자기 인식이 깊어지고 변화의 필요성을 자각하게 된다. 여기서 주의할 점은 오직 행동과 역량에 초점을 맞추어야 한다는 것이다. 직원의 성격이나 취향, 마음가짐, 가치관 등은 발전적 피드백의 대상이 아니다. 개인적 특성과 스타일은 피드백이 아닌 존중의 대상이기 때문이다. 직원을 앞에 두고 "자네는 너무 소심해", "다 좋은데 시각이 좁아서 탈이야"라고 말하면서 인격적 특성을 싸잡아 평가하는 태도는 피해야 한다. 상사라고 해서 함부로 타인을 재단할 권리는 없기 때문이다.

주관적 판단에 따른 피드백은 관계를 상하게 한다. 객관적 사실과 관찰에 근거한 피드백에 집중할 필요가 있다.

발전적 피드백 방법

평소 구성원의 언행을 관찰하여 피드백할 내용을 사실에 맞게 구체적으로 준비한다. 피드백할 때에도 직원에게 먼저 동의를 구하고, 짧고 임팩트 있게 이야기한다. 이때 활용할 수 있는 방법으로 FTA가 있다.

Fact: 피드백의 대상에 맞는 행동이나 사실을 말한다.

Thought: 행동이나 사실이 조직에 미친 영향, 향후에 미칠 영향, 구성원 자신에게 미칠 영향에 대해 생각하게 한다. 비난으로 들리지 않게 대화를 시작할 때 상대방의 긍정적 의도를 인정해준다. 그러면 대화를 안전하게 이끌어갈 수 있다.

Ask & Agreement: 행동을 개선하려면 무엇을 어떻게 해야 할지 질문하거나 요청사항을 전달한다. 질문과 요청 후에는 그냥 대화를 마무리하지 말고 구성원이 앞으로 실천할 계획을 세우게 하고 점검 약속을 받는다.

FTA 방법을 활용하면 리더와 직원이 인식을 공유하고 변화에 대한 합의를 이끌어낼 수 있다. 예를 들어 전달할 내용을 제때 하지 않아 업무에 차질을 빚게 하는 이 대리에 대해서는 다음과 같은 발전적 피드백이 가능하다.

동의 구하기: 이 대리, 주문전달 업무에 대해 피드백을 해도 될까?

F: 어제 주문변경서를 현장에 늦게 전달했더군. 지난달에도 비슷한 일이 있었지(사실에 기초한 진술).

T: 아마도 새로 주어진 일들을 함께 처리하느라 시간이 부족했을 거야(긍정적 의도 인정). 하지만 변경사항을 바로 전달하지 않으면 생산에 차질이 생기고, 일정 지연으로 고객의 불만을 살 수 있어. 이런 일이 반복되면 결국 고객을 잃게 돼. 자네 생각은 어떤가?(상대방의 상황 파악)

A: 앞으로 같은 일이 재발되지 않으려면 새롭게 무엇을 해야 할까?(질문) 같은 실수를 되풀이하지 않으려면 무엇보다 시간관리를 철저히 해야 해. 매일 업무를 시작하고 마무리할 때 이 대리만의 체크리스트를 써서 확인하는 것이 어떤가?(요청) 구체적으로 언제부터 무엇을 실행하겠나?(합의)

리더십을 해치는 '바람직하지 않은 피드백'

학대적 피드백과 무의미한 피드백은 피해야 한다. 특히 학대적 피드백은 관계를 악화시키고 직원에게 상처와 절망감을 안겨준다. 비난이나 경멸, 비교나 무시의 표현으로 직원의 자존감을 훼손하여 성장은커녕 반감과 반발을 일으킬 수 있다.

학대적 피드백은 여러 형태로 나타난다. "넌 맨날 그 모양이야", "한 번도 제대로 한 적이 없어", "절대로 나서지 마", "허구한 날 남 탓이야"라는 식으로 말하여 모멸감을 느끼게 하기도 하고, "머리는 뒀다 어디에 쓸 거냐?", "입사한 지가 언젠데 아직도 헤매고 있냐!"며 비난하고 무시하기도 한다. 직원을 투명인간 취급하여 인사도 받지 않고 말도 걸지 않는 경우도 있다. 리더다운 언행이 아니다.

학대적이진 않지만 하나 마나 한 무의미한 피드백도 있다. "잘 챙겨서 해", "잘 좀 하란 말이야!", "잘하고 있지?" 따위의 표현이 그렇다. 구체적이지 않아 효과도 없고 의미도 없는 피드백이다. 무엇을 잘 챙기란 건지 알 수 없다. 피드백은 구체적이고 객관적이어야 한다. 그렇지 않은 피드백은 상대방에게 영향을 미치지 못한다.

"사무실이 너무 삭막하지 않아?"

피드백은 잘하고 있는 직원을 더 잘하도록 만들고, 부족한 부분을 개선하도록 유도한다. 긍정적으로 지지하고 발전시켜 필요한 변화를 일으키게 만든다.

다음은 어느 대기업 임원의 부장 시절 이야기다.

일에 열중하고 있던 어느 날, 상사인 상무가 부장에게 다가와 한마디 했다.

"사무실 분위기가 너무 삭막하지 않아?"

당시에 부장은 업무 중심으로 조직을 관리하고 있었다. 오로지 성과를 내세우며 직원들을 닦달하는 것이 다반사였다. 사람은 안중에 없었고 어떻게 해서든 성과를 내야 한다는 강박관념에 매여 있었다. 그런데 그날 상무의 그 한마디가 왠지 모르게 부장의 가슴을 파고들었다.

상무는 인간적인 분이었고 업무적으로는 공정한 분이었다. 평소 공정성을 중시했던 부장은 그런 상사를 존경하고 따랐다. 한마디로 그가 닮고 싶은 롤모델이었다.

지나가듯 던진 상무의 말은 깊은 울림이 되어 부장의 마음을 흔들었다. 그때부터 '어떻게 하면 분위기를 좋게 만들 수 있을까?'라는 질문을 수없이 던지게 되었고, 질문의 답을 찾기 위해 책을 읽고, 필요한 강의를 찾아다니며 들었다.

임원이 되어 성공적인 직장생활을 해나가고 있는 그는 당시를 돌아보며 이렇게 말했다.

"오늘의 나를 만든 9할은 그때 상무님이 하신 말씀이었다. '분위기가 삭막하지 않아?'라는 한마디가 나를 변화시켜 오늘에 이르게 했다."

피드백이 어렵다? 그 오해와 진실

경영학의 아버지로 불리는 피터 드러커(Peter F. Drucker)는 피드백에 대해 이렇게 말했다.

"역사상 알려진 유일하고도 확실한 학습 방법은 피드백이다."

미국의 심리학자 미하이 칙센트미하이(Mihaly Csikszentmihalyi)는 《몰입(flow)》이라는 책에서 "몰입 상태가 되려면 첫째, 무엇을 원하는지 알아야 하고, 둘째, 하고 있는 일에 대한 피드백을 받아 더 잘할 수 있어야 한다"며 피드백의 중요성을 강조했다.

피드백은 리더십의 필수 도구이지만, 여전히 주기도 어렵고 받기도 어려운 과정으로 생각하는 리더들이 많다. 다음은 피드백에 대한 오해와 진실을 정리한 것이다.

오해	진실
피드백은 오직 개선해야 할 점을 말해주는 것이다.	피드백은 개선할 점뿐만 아니라 잘한 점에 대해서도 해주어야 한다.
피드백은 시간을 정해놓고 공식적으로 하는 것이다.	피드백은 일회성이 아니라 지속적인 과정이다.
피드백을 잘 받아들이지 않을 것이다.	피드백은 나의 의견을 강요하는 것이 아니라 성장과 변화를 위해 문제를 공유하는 것이다.
피드백은 인신공격을 하는 느낌을 준다.	부정적인 피드백을 할 경우에도 성격이나 태도가 아닌 행동에 초점을 맞추어야 한다.
피드백을 하면 관계가 나빠진다.	친밀감을 형성하고 진정성 있게 피드백하면 오히려 관계가 더 좋아질 수 있으며, 이는 상대방의 성장을 위해 가치 있는 일이다.

출처 : LG경제연구원, 〈두려운 피드백 쿨하게 받아들이는 방법〉, 2011

평가를 위한 피드백에서 성장을 위한 코칭으로

피드백은 업무 성과를 개선하고 개인과 조직의 성장을 지원하는 중요한 도구다. 그러나 기존의 피드백은 평가를 위한 목적으로 사용되는 경우가 많았다. 평가를 위한 피드백은 단순히 잘못한 점을 지적하거나 부족한 점을 채우도록 요구하는 방식으로 이루어진다. 이러한 피드백은 피드백을 받는 사람에게 부정적인 감정을 유발하고 성장을 위한 동기를 저하시키는 부작용을 초래할 수 있다.

반면, 성장을 위한 코칭은 피드백을 받는 사람의 강점과 잠재력을 발견하고, 이를 바탕으로 성장할 수 있도록 지원하는 방식으로 이루어진다. 성장을 위한 코칭은 피드백을 받는 사람의 자발적인 참여와 노력을 기반으로 이루어지기 때문에 더 효과적이고 지속가능한 성장을 이끌어낼 수 있게 된다.

성장을 위한 코칭으로의 변화는 다음과 같은 방법을 통해 이루어질 수 있다.

첫째, 피드백을 주는 사람의 태도와 자세를 바꾼다. 피드백을 주는 사람은 평가자의 입장에서 벗어나 성장을 위한 파트너로서 피드백을 제공한다. 피드백을 주는 사람은 피드백을 받는 사람의 강점과 잠재력을 발견하고, 이를 바탕으로 성장할 수 있도록 돕는 데 집중한다.

둘째, 피드백을 받는 사람의 참여를 유도한다. 피드백을 받는 사람은 단순히 수동적으로 받아들이는 것이 아니라, 적극적으로 참여한다. 피드백을 받는 사람은 피드백을 통해 무엇을 배울 수 있는지, 이를 어떻게 행동에 옮길 것인지에 대해 스스로 생각하고 계획을 세워야 한다.

셋째, 피드백을 지속적으로 제공한다. 성장을 위한 코칭은 단발적인 피드백이 아니라 지속적인 피드백을 통해 이루어진다. 피드백을 주는 사람은 피드백을 받는 사람이 성장을 위한 행동을 실천하고 있는지 지속적으로 모니터링하고, 필요한 경우 추가적으로 피드백을 제공해야 한다.

A기업은 영업팀의 성과를 개선하기 위해 팀코칭을 도입했다. 팀코칭에서 최우선 과제로 구성원의 영업 역량 향상과 영업프로세스 표준화를 추진하기로 했다. 이에 따라 사내의 우수 영업사례를 공유하고 이를 바탕으로 영업프로세스 표준화를 추진했다. 영업 역량 향상을 위해서는 구성원의 성장에 초점을 맞춘 맞춤형 피드백을 진행하기로 했다. 영업팀의 팀장과 팀원들이 함께 목표를 설정하고, 그 목표를 달성하기 위한 활동 지원과 함께 팀장의 피드

백을 제공했다. 그러한 과정에서 가격 경쟁력에만 초점을 맞춘 잘못된 영업 스타일을 확인하고 변화시키는 계기가 마련되었다. 영업 팀장은 팀원들이 목표 달성에 어려움을 겪을 때 함께 문제를 분석하고, 고객을 방문하고, 이를 바탕으로 코칭을 제공했다.

이러한 변화를 통해 A기업의 영업팀은 자신감을 회복하고, 내부 역량 향상과 함께 매출 목표를 초과 달성하게 되었다.

8장

진정한 코칭 파워는 어디에서 오는가

신뢰관계의 심화

리더십의 핵심이 구성원들 모두가 공동의 목표를 향해 나아가도록 긍정적 영향을 미치는 것이라면, 리더에게 가장 중요한 것은 '어떻게 긍정적 영향을 미칠 것인가'라고 할 수 있다. 이를 위해서는 무엇보다 리더와 구성원들의 신뢰관계가 밑바탕에 있어야 한다. 신뢰관계가 리더십의 알파요, 오메가라고 말하는 이유다. 여기서는 신뢰관계를 강화하는 리더의 마음가짐과 행동을 살펴볼 것이다.

»»»

진정성 리더십은 '함께하기'로부터

외국계 회사에 입사지원한 박 팀장은 임원 면접과 대표이사 면접을 앞두고 있었다. 회사에 대해 어느 정도 알고는 있었지만, 경영진과의 면접을 통해 회사의 조직문화를 좀 더 알고 싶었다. 이미 두 번의 이직 경험이 있었던 그는 최종 면접에 합격하더라도 회사가 자신과 잘 맞는 곳인지 신중하게 판단해서 결정하려고 했다. 과거처럼 사내 정치에 휘말려 쓸데없이 시간을 보내고 싶지 않았기 때문이다.

임원 면접에서 만난 사람은 글로벌 비즈니스 담당 임원이었다. 그녀는 박 팀장이 사무실로 들어서자 간단한 인사를 나눈 후 비서에게 연락해서 앞으로 1시간 동안 전화를 연결하지 말라고 지시했다. 그뿐만 아니라 핸드폰과 컴퓨터 모니터까지 끄면서 면접에 집중하겠다고 말했다. 세계 각지의 클라이언트들로부터 언제 중요 전화가 걸려올지도 모르는데 자신과의 면접을 위해 온전히 시간을 할애하려는 모습에서 박 팀장은 강한 인상을 받았다.

'저 임원은 나를 소중히 여기는구나.'

그 순간 박 팀장은 이미 마음속으로 이 회사에 들어가야겠다는 결정을 내렸다. 임원과 박 팀장 두 사람은 면접에 최선을 다했고, 한 달 후 박 팀장은 임원으로 입사하게 되었다.

4장에서 '신뢰는 코칭의 토대'라는 점을 이야기했다. 박 팀장은 면접 과정에서 담당 임원이 본인을 중요하게 생각하고 있다는 확신을 얻은 후 그 회사에 들어가고 싶은 마음이 커졌다.

리더십을 발휘하는 데는 지식과 스킬이 필요하지만 가장 중요한 것은 리더의 마음가짐이다. 어떤 마음으로 일과 사람을 대하느냐가 리더십의 성패를 좌우한다. 그런 면에서 진정성은 리더십의 핵심 요소라고 할 수 있다. '나는 어떤 리더인가'를 늘 성찰하며 가면을 벗고 구성원들과 진솔하게 소통하는 리더가 리더로서의 영향력을 발휘할 수 있다. 정동일 연세대 경영학과 교수는 이와 같은 '진정성 리더십'에 대해 다음과 같이 정의했다.

"명확한 자기인식을 바탕으로 가치와 원칙을 세우고 투명한 관계를 맺으며 진정한 자기 자신의 내적인 자아와 외적인 자아의 격차를 최소화해서 주위에 긍정적인 영향을 끼치는 능력이다."

리더와 구성원을 깊게 연결하는 '프레즌스'

리더가 진정성을 가지고 구성원과 온전히 함께하면 두 사람 사이에 특별한 관계라는 느낌이 생긴다. 여기서는 이를 '프레즌스(presence)'로 명명하고

자 한다. 세계적인 사회심리학자인 에이미 커디(Amy Cuddy) 하버드대 경영대학원 교수가 그의 저서 《프레즌스》에서 '자신의 진정한 생각이나 느낌, 잠재력, 가치를 최고로 이끌어낼 수 있도록 조정된 심리 상태'를 '프레즌스'로 정의했는데, 이 개념을 빌려 '진정성으로 함께함으로써 리더십을 최상으로 발휘할 수 있게 하는 마음가짐과 존재감'을 '리더십 프레즌스'로 지칭한다.

리더는 많은 역할을 담당한다. 의사결정을 내리고, 맡은 업무를 실행하고, 구성원 관리에도 주의를 기울여야 한다. 또한 코치로서 구성원들을 성장시켜 조직의 성과로 연결시켜야 한다. 하지만 이 모든 역할을 잘하기 위한 기초는 바로 지금 여기, 구성원에게 온전하게 주의를 집중하는 것이다. 프레즌스가 리더와 구성원들을 깊이 연결시켜주기 때문이다.

영국의 코칭전문기관 CSA(Coaching Supervision Academy)의 설립자인 에드나 머독(Edna Murdoch)은 진정한 코칭 파워는 다양한 테크닉보다 코칭받는 사람과 함께 있으면서 일어나는 모든 상황을 코치의 철학이나 경험 필터를 거치지 않고 있는 그대로 열린 마음으로 받아들일 수 있는 능력, 즉 프레즌스에서 나온다고 말한다. 프레즌스 안에 있을 때 그 상황에 적절한 질문이나 코칭 방법이 자연스럽게 떠오른다는 것이다. 조직에서도 마찬가지다. 팀장의 프레즌스가 팀원의 말을 깊이 알아듣게 한다. 단지 전하는 말의 뜻만 아니라 목소리의 톤과 얼굴 표정, 몸짓 등에서 팀원이 진짜 말하고자 하는 의미를 헤아리게 해준다. 또한 팀원이 깨닫고 있지 못한 것을 미러링(mirroring)을 통해 명확하게 깨닫도록 도와준다(일깨우기편 참조).

하지만 직장의 현실은 프레즌스를 쉽게 허락하지 않는다. '마음챙김(mindfulness)'으로 유명한 마음훈련의 권위자 라스무스 호가드(Rasmus Hougaard)는 바쁜 현대인의 일상을 'PAID'로 설명하는데, 압박을 느끼고(Pressured), 늘 핸드폰 등의 디지털기기와 연결되어 있으며(Always-On), 정보가 너무 많아서(Information-Overloaded), 주의력이 산만해 있는(Distracted) 상태를 말한다. 그런가 하면 하버드대 심리학과의 매트 킬링스워스(Matt Killingsworth)와 대니얼 길버트(Daniel Gilbert) 교수는 직장인들이 근무시간 중 47%를 업무에 몰입하지 못하며 다른 생각을 하면서 무의식적 습관으로 일하고 있다는 보고서를 발표했다. 이를 '주의력 산만 성향(Attention Deficit Trait)'으로 풀이하면서 이 때문에 심리적으로 불행을 느끼고 있다고 말했다. 에드워드 할로웰(Edward Hallowell) 정신의학 박사도 비슷한 이야기를 한다. 괜찮고 똑똑한 직원들이 성과가 안 좋은 것은 주의력이 산만해서, 지금 하고 있는 일에 집중하지 못해 그런 것이라고 말이다.

그런데도 정신없이 바쁜 상황을 은근히 자랑하듯 주위 사람들에게 이야기하는 이들이 있다. 자신이 바쁜 것을 회사에 대한 충성도나 일의 생산성과 연관시켜 생각하는 것이다. 하지만 연구결과에 따르면 주 50시간 이상 오래 일하게 되면 생산성이 오히려 떨어진다.

멈추어야 할 때, 달려야 할 때

정신없이 변하는 경영 환경에서 스피드는 조직의 중요한 역량이다. 하지만 속도에만 매몰되면 더 중요한 성과를 달성하지 못하는 아이러니가 생긴다.

김 본부장은 순발력이 뛰어나서 예기치 않은 사건이 터지면 빨리 처리하는 것으로 정평이 났다. 그런데 문제는 당장은 사건이 해결된 듯 보이지만 시간이 지나면 다시 문제가 발생되어 또 그 이슈를 분석하고 해결하느라 오히려 더 많은 시간이 걸린다는 것이다. 즉, 초기에 충분히 사건의 배경이나 문제에 대한 깊은 분석이 있었더라면 제대로 된 해결책이 나와서 끝났을 문제다. 하지만 김 본부장은 빠른 해결에만 집중했기에 처음에는 시간이 걸리는 듯한 이슈 분석을 소홀히 해서 결국은 길게 보면 훨씬 더 시간이 걸리게 되었다.

TV에서 〈동물의 왕국〉을 보면 아프리카에 사는 치타가 사슴을 사냥하는 장면이 나온다. 치타는 먹잇감인 사슴을 발견하면 바로 순식간에 달려들어 사냥하지 않는다. 한동안 사슴을 주의 깊게 관찰한다. 먹잇감인 사슴이 무리에서 떨어지는 허점의 순간에 쏜살같이 달려들어 사슴을 낚아챈다. 먹이를 사냥할 때 무턱대고 보이는 대로 사슴을 뒤쫓는 것이 아니고 멈추어서 관찰할 때와 최선을 다해 전속력으로 달려야 할 때를 분별할 줄 안다.

리더로서 직원들과의 신뢰관계 구축은 한순간에 일어나지 않는다. 시간이 걸리는 일이다. 관계 형성은 이렇게 오랜 시간이 걸리지만 일단 신뢰가 형성되면 그다음부터 업무는 빠르게 진행될 수 있다. 리더는 행동을 멈출 때와 속도를 낼 때를 분별해야 한다. 직원들과의 관계 이슈에서 급하게 서두르면 낭패를 보기 쉽다. 조직 목표를 달성하느라 바빠 죽겠는데 사람 문제로 장애가 생겨서 곤혹스럽게 생각할 수도 있다. 그래서 빠른 해결책으로 미봉책을 선택하기 쉽다. 하지만 시간이 더 걸린다고 생각되는 길이 오히려 더 빠른 길일 수 있다. 직원들과의 관계 이슈도 그렇다. 직원과의 신뢰 형성에 시간이 걸리더라도 그 관계가 일단 굳어지면 그때부터는 함께 목표 달성을 위해 전속력으로 달려갈 수 있다. 리더는 잠시 멈출 때와 전속력으로 달려야 할 때를 분별할 줄 알아야 한다. 잠시 멈추어 볼 때 우리는 그동안 볼 수 없던 것들을 볼 수도 있다.

WE Q

코칭 슈퍼비전 영역을 창시하고 '7 eyed model'을 개발한 피터 호킨스는 IQ, EQ 시대가 가고 이제는 WE Q(WE Quotient) 시대가 되었다고 주장한다. 리더 혼자 똑똑하거나 리더 혼자의 감성지능만으로 일이 잘 이루어지는 것이 아니고, 팀원들 모두 WE Q, 즉 함께 협업하는 능력이 뛰어난 조직이 성공한다는 것이다.

프로축구의 세계는 선수 능력에 따라 연봉 차이가 어마어마하게 난다. 개인 역량이 그만큼 중요하기 때문이다. 그럼에도 스타플레이어가 팀의 승리를 위해 뛰지 않고 자신의 골만 넣으려고 하면 가차없이 팀에서 제외시켜버린다. 그래서 맨체스터 유나이티드의 베컴도 미국 리그로 떠났고, 호날두도 프리미어 리그에서 기회를 얻지 못해 사우디 리그로 향했다.

리더는 때로는 직원들 앞에서 방향을 제시하고 영감을 불어넣어야 하지만, 때로는 직원들과 어깨를 나란히 하고 숨소리를 들으며 함께 호흡해야 한다. 직원들이 리더와 함께 일할 때 정말 우리는 팀이구나 하는 생각이 들게 해야 한다. 직원들이 자신을 조직이나 리더의 성공을 위한 수단으로 느낄 때 그들은 몰입할 수 없다. 조직의 어떤 유능한 개인도 팀보다 더 뛰어날 수 없다. 그리고 팀의 능력은 직원 개개인의 능력을 합한 것 이상이어야 한다. 그것이 리더의 존재 이유다.

이제는 똑똑한 한 명이 조직 전체를 먹여 살리는 시대가 아니라 함께 협업하는 팀원들의 WE Q가 조직의 성과를 달성하게 한다.

리더가 내려야 할 선택

지난 40여 년간 우리 경제는 빠른 추격자(fast follower)로 외국의 우수 기업들을 벤치마킹하여 신속하게 따라잡는 것을 비즈니스모델로 성장해왔다. 하지만 그러한 기업들의 강점도 효용을 다했다. 오히려 많은 부작용이 도처에서 나타나고 있다. 지금은 추격자가 아니라 선도자(first mover)로서 새로운 도전과 창의적 모델을 강구해야 할 때다.

이제 리더는 모든 것을 내가 직접 관여해야겠다는 마음을 내려놓고 구성원들의 잠재력을 극대화하고 몰입을 촉진함으로써 강점 기반의 팀을 구축하는 데 힘써야 한다. 리더가 보다 집중해야 할 것은 당면하고 있는 도전과제를 명확히 정의하고 이를 구성원들과 함께 해결해나가는 것이다. 또한 이러한 문제를 해결하기 위해서는 조직 내부의 힘뿐 아니라 조직 외부의 자원도 적극 활용하는 노력도 필요하다 미래의 경쟁은 개별 기업의 경쟁이 아니라 그가 조성한 생태계 간의 경쟁이기 때문이다. 일일이 관여하지 않지만 방향을 제시하고 시스템을 구축하고 코칭을 통해 지원하는 리더의 역할에서 구성원들은 리더의 프레즌스를 느끼고 신뢰를 강화하게 된다.

»»»

리더와 구성원을 함께 성장시키는 '일깨우기'

김 팀장은 사내에서 똑똑하기로 유명한 이 수석과 함께 일하게 되었다. 이 수석은 미국의 유명 MBA 출신으로 머리가 비상하고 주어진 문제를 쉽고 빠르게 해결하는 능력으로 인정을 받는 직원이었다. 주변의 기대를 한몸에 받는 이른바 '스타 직원'이었다.

하지만 그는 인간관계가 원만하지 않았다. 자기와 맞는 사람만 챙기고 도와주어 다른 직원들로부터 불만을 샀다. 책임자인 김 팀장은 이 수석의 능력을 인정하면서도 한편으로는 팀원으로 함께 일하게 된 그가 팀 분위기를 해치지 않을까 걱정이 되기도 했다. 한동안 이 수석을 주시하던 김 팀장은 면담을 갖고 직원들의 생각을 들려주며 좋아하는 사람만 챙기는 행동을 자제해줄 것을 당부했다. 하지만 이 수석의 스타일은 그 후에도 별로 달라지지 않았다. 고민 끝에 김 팀장은 전문코치에게 도움을 청하게 되었다.

전문코치는 김 팀장이 처한 상황을 주의 깊게 듣고는 정말 어렵겠다며 공감해주고는 조심스럽게 물었다.

"이 상황에서 팀장님이 진짜 힘들어하거나 두려워하는 것은 무엇인가요?"

김 팀장은 코치의 질문에 놀랍다는 표정을 지으며 "어~, 음~, 글쎄요…" 하며 대답을 주저하는 모습을 보였다. '내가 두려워하는 게 있다고?' 당황스럽고 자존심이 상한 것 같은 느낌이 들기도 했다. '정말 그런가?' 잠시 생각에 잠긴 김 팀장은 자신도 미처 몰랐던 마음속 깊은 곳에서 '이 수석이 나중에 내 자리를 차지하지 않을까?' 하는 불안감이 꿈틀거린다는 것을 알게 되었다. 코치의 질문으로 모호했던 불안감이 선명하게 일깨워진 것이다.

유쾌하진 않았지만 김 팀장은 불편한 진실을 직면할 수 있었다. 그러자 자신이 어떻게 하면 좋을지 해결책이 명료해졌다. 유능한 수석을 팀원으로 두게 되어 껄끄러운 것이 사실이지만, 더 크게 보면 팀과 회사를 위해 좋은 일이었다. 한 번의 면담으로 이 수석의 태도가 바뀔 거라고 기대한 자신의 성급함을 반성하고, 코칭을 계속하면서 일깨워주고, 함께 호흡하며 성장해가기로 마음을 먹고 그렇게 행동했다.

이후 김 팀장의 리더십은 한 단계 더 도약하게 되었고, 상사와 직원들로부터 신뢰와 존경을 받기에 이르렀다.

그때 만약 코치가 "팀장님은 이 수석 때문에 불안해하시는 것 같은데, 능력 있는 직원이니 그와 잘 지내세요"라는 식으로 조언했다면 어땠을까? 과연 김 팀장이 그의 조언을 받아들여 더욱 분발했을까? 그러지 않았을 것이다. 왜냐하면 불안감의 실체를 스스로 깨닫지 못했을 것이기 때문이다. 조언으로는 문제의 근본에 다가가지 못한다. 코치의 효과적인 질문이 있었기에 김 팀장은 문제의 원인이 이 수석이 아니라 그에 대한 자신의 불안감이라는 사실을 깨닫고 새로운 시각과 행동으로 분발하여 한 단계 도약할 수 있었던 것이다.

상대방이 스스로 이슈의 본질을 깨닫게 하여 행동으로 연결시켜주는 '일깨우기(Creating Awareness)'는 가장 중요한 코칭 역량 중 하나다. 일찍이 이탈리아의 천문학자 갈릴레오 갈릴레이는 "사람들은 어떤 것도 가르칠 수 없다. 단지 그들 안에 있는 것을 스스로 발견하도록 도와줄 뿐이다"라며 일깨워주기의 중요성을 갈파했다.

ICF(국제코칭연맹)에서는 일깨우기를 '코치가 코칭받는 사람으로 하여금 이슈를 충분히 탐색하도록 허용해줌으로써 그가 스스로 새로운 시각이나 잊고 있었던 관점을 알아차리도록 도와주는 과정'이라고 설명한다. 이에 따르면 팀장은 팀원 스스로 탐색할 수 있게 팀원에게 편안하고 자유로운 시간적, 심리적 공간을 마련해주어야 한다. 팀원이 자신의 지식과 경험은 물론 무한한 창의성이 내재되어 있는 무의식과 접촉할 수 있는 환경을 허용해야 한다.

코칭 역량이 꽃을 피울 때

일깨우기 역량은 앞에서 다룬 신뢰, 공감, 인정, 질문, 프레즌스 같은 코칭 역량들이 융합되어 발현된다. 일깨우기를 통해 코칭 역량이 꽃을 피운다고 말할 수 있다.

신뢰관계가 형성되면 팀장은 프레즌스를 통해 팀원이 말하는 것 너머의 뜻까지 경청하고 공감하며, 현재 상황에 적합한 질문을 하거나 필요한 부분을 확인한다. 이에 팀원은 성찰을 통해 자신의 내면에서 일어나는 역동을 발견하고 "아하!" 하는 깨달음과 함께 의식이 확장되어 새로운 시각으로 전환한다. 이렇게 일깨워진 팀원은 자연스럽게 해결책을 모색하여 스스로 행동으로 연결한다. 이와 같은 자발적 행동은 일회성으로 그치지 않고 장기적으로 팀원 안에 깊이 학습되어 언제든 강력한 자원으로 활용된다.

하지만 현실은 녹록지 않다. 늘 시급성을 요하는 업무 현장에서 팀장들은 문제가 발생하면 그 즉시 경험과 지식에 따른 지시를 내리고 팀원들이 재빠른 대응에 나서주기를 바란다. 팀원들은 스스로 문제를 고민하고 해결책을 강구할 시간이 주어지지 않으니 왜 이렇게 해야 하는지, 다른 방법은 없는지 탐색할 수 없고, 따라서 학습이나 성장도 이루어지지 않는다. 그러다 보니 다시 유사한 문제가 생겨도 팀원들이 알아서 해결하지 못하고, 팀장 혼자 고민하고 지시하는 일이 반복된다.

팀장들은 "우리 팀원들은 스스로 할 수 있는 일이 없고 주인의식도 없어 발전이 없다"고 불평하고, 팀원들은 "지금 팀장 아래서는 배우는 게 없다. 자율권도 주지 않고 밀어붙이기만 한다"며 불만을 토로한다. 이유는 자명하다. 일깨우기가 안 되는 탓이다.

일깨우기는 어떻게?

일깨우기는 중요하지만 모든 업무 상황에 적용할 수는 없다. 시급을 다투는 일도 많기 때문이다. 따라서 팀장은 팀원들을 어떻게 일깨울 것인지 시간을 갖고 궁리해야 한다. "문제는 그 문제를 일으킨 것과 동일한 의식으로는 해결할 수 없다"는 아인슈타인의 말처럼 팀장이 먼저 의식을 전환하여 일깨우기를 실천해야 한다.

일깨우기가 쉽지 않은 이유는 바삐 돌아가는 현실 때문이기도 하지만, 보다 중요한 이유는 자기중심적 사고에 빠져 있기 때문이다. 사람은 누구나 길들여져 있는 익숙한 관점을 편하게 여기고, 그것을 바꾸면 에고가 손상될지 모른다고 우려한다. 그럴 수 있다. 하지만 그런 안전지대(comfort zone)에 머물러서는 전환이 일어나지 않는다. 동일한 의식으로는 문제를 해결할 수 없기 때문이다. 어떻게 하면 좋을까?

리더의 일깨우기를 도와줄 몇 가지 방법을 소개한다.

과거의 성공 경험

팀원을 일깨우는 한 가지 방법은 현재의 상황에서 빠져나오도록 하는 것이다. 팀원이 문제를 해결하지 못하는 까닭은 문제 상황에 매몰되어 있기 때문일 수 있다. 이때 팀원의 무의식에 저장되어 있는 과거의 성공 경험을 불러내어 자신의 관점을 재탐색해보게 하면 일깨우기에 성공할 수 있다.

"'지금까지 회사생활을 하면서 가장 보람되거나 자랑스러운 순간은 언제였나요?"

"제일 어려울 때는 언제였고, 어떻게 해결했나요?"

이렇게 과거의 성공 경험을 소환하면 팀원의 내면에서 긍정의 에너지가 솟아나 자신감을 불러일으킬 수 있다. 그와 더불어 당면한 문제를 객관적으로 볼 수 있게 된다. 커보였던 문제가 작아지는 것이다. 이어서 "그때의 경험에서 배운 것은 무엇이었나요?"라는 질문으로 교훈을 떠올리게 한 다음, "그때 얻은 교훈에 비추어 지금 상황을 본다면 어떤 시도를 해볼 수 있을까요?"라고 질문하여 현재의 이슈와 연결시킨다. 그러면 팀원이 깨닫게 된다. 이미 알고 있었지만 현재 상황에 가려 잊고 있었던 기억을 되살려 다른 시각으로 문제를 바라보게 되고 스스로 해결책을 찾아 행동으로 옮기게 된다.

역지사지

역지사지(易地思之)는 다들 알고 있지만 실천하는 사람은 드물다. 자기중심적 성향 때문이다. 그러나 조직의 리더들은 알게 된다. 경험이 쌓이고 직급이 올라가면서 내 입장에서만 생각해서는 문제가 해결되지 않는다는 것을 배우게 된다. 또 나 혼자만 열심히 잘해서는 안 되고 이해관계자들과 함께 조화를 이루어야 일이 진척된다는 것도 깨닫게 된다. 그러면서 역지사지의 필요성을 절감한다.

역지사지의 관점은 일깨우기에도 도움을 준다. 예를 들어 팀에서 종종 일어나는 갈등 상황에서 팀장은 먼저 "상대방이 그때 뭐라고 말했나요?"라고 묻는 것으로 대화를 시작할 수 있다. 이어서 "그 말을 듣고 어떤 느낌이 들었나요?"라며 상대방의 말에 대한 팀원의 생각이나 느낌을 묻는다. 이때 충분히 공감해준다. 그런 다음 "그가 왜 그런 행동을 했을까요?"라는 질문으로 팀원이 상대방의 입장이 되어 그의 관점을 탐색할 수 있게 하고, "그때 그의 진정한 욕구는 무엇이었을까요?"라고 질문하여 상대방이 원했던 것을 깊이 생각할 수 있도록 도와준다. 이렇게 대화를 이어가다 보면 팀원은 자신의 관점에 매몰된 상태에서 빠져나와 상대방의 관점으로 갈등 상황을 재해석하게 되고, 새로운 무언가를 깨우치게 된다.

유의할 점은 팀장이 팀원에게 상대방의 입장만 이해시킨다는 느낌을 주지 않는 것이다. 그래서 팀원의 이야기를 충분히 경청하고 공감해줄 필요가 있다. 공감대 위에서 스스로 탐색할 수 있게 도와주고 향후 해결 방향을 물어보면 팀원은 당면한 상황에 적합한 해결책을 내놓을 것이다.

침묵의 시간

코칭대화에서 팀장이 질문하거나 어떤 메시지를 전달했을 때 팀원이 곧바로 반응하지 않고 침묵할 때가 있다. 이 시간을 차분히 기다릴 줄 알아야 한다. 침묵하는 동안 팀원에게 어떤 깨달음이 일어날 수 있기 때문이다. 이때 팀장의 프레즌스가 필요하다. 팀원이 아무 말을 하지 않아도 재촉하지 말고 함께하는 마음으로 기다려주면서 팀원에게서 일어나는 미세한 변화를 관찰한다. 팀원은 침묵하는 동안 복잡한 생각들을 정리할 수도 있고, 무언가를 탐색하고 있을 수도 있다.

침묵이 다소 어색하게 느껴지더라도 대답을 종용하거나 다른 질문으로 팀원의 머릿속에서 일어나는 사고의 프로세스를 방해하지 않는 것이 좋다. 그래도 침묵이 필요 이상 길어진다 싶으면 "지금 어떤 생각을 하고 있나요?", "기분은 어때요?" 등의 질문으로 팀원의 느낌이나 생각을 스스로 명확히 하도록 도와줄 수 있다.

미러링

미러링(mirroring)도 일깨우기의 좋은 방법이다. 팀원의 말을 잘 듣고 관찰한 후 그중 특이점이 발견되면 말해주고 그 의미가 무엇인지 탐색하도록 요청하는 것이다. 앞에서 말한 침묵의 시간 후에 이 같은 미러링을 진행하는 것이 좋다.

예를 들어 업무 분담에 대해 얘기하는 중에 팀원이 한숨을 지었다면, "방금 한숨을 지었는데, 어떤 느낌이 들었나요? 그게 무슨 의미인가요?"와 같이 질문한다. 관찰한 것을 돌려주고 팀원이 의미를 탐색하도록 하는 것이다. 만약 팀원이 "일이 많아질 것 같아서요"라고 말했다면 팀장은 "아, 일이 많아져 힘들어질 것 같아 그러는군요. 그럴 수 있지요"라고 공감한 후 다음 단계로 나아갈 수 있다. "어떻게 하면 일들을 더 효과적으로 처리해나갈 수 있을까요?", "내가 도와줄 것은 무엇인가요?" 등의 질문으로 팀원 스스로 해결책을 찾게끔 일깨워 줄 수 있다.

업무 현장

현장은 팀장이 효과적으로 일깨우기를 수행할 수 있는 최적의 장소이자 기회다. 실제 일이 돌아가는 현장에서 생생한 질문으로 팀원의 업무 방식이나 수행 과정을 되돌아보게 하여 팀원을 한 차원 높은 단계로 인도할 수 있다. 예를 들어 팀원이 고객사 앞에서 새로운 프로젝트를 제안했는데 고객의 니즈를 제대로 파악하지 못하여 반응이 좋지 않았다고 하면, 팀장은 먼저 프리젠테이션에 대해 노고를 인정한 후 시각을 확장시키는 일깨우기 질문을 할 수 있다. "만약 우리가 고객 입장이었다면 어떤 제안을 받고 싶어 했을까?"라고 질문하여 고객의 니즈를 이해하는 것의 중요성을 일깨울 수 있다.

일깨우기의 경로와 방법은 다양하지만 팀장이 명심해야 할 것이 있다. 어떤 해결책을 미리 염두에 두고 그 방향으로 유도하면 일깨우기가 일어나지 않는다는 것이다. 신뢰를 바탕으로 함께 가능성을 탐색하는 모습을 보일 때 팀원은 주인의식을 가지고 해결책을 찾아내어 실행할 수 있다.

존재 차원의 질문

입사 3년차 직원이 있었다. 그는 스마트하지만 예의바르고 상대방에게 상처를 줄까봐 말을 조심스럽게 하는 스타일이었다. 하지만 그와 함께 일하는 선배 직원은 선이 굵직하고 직설적이고 퉁명스럽게 대화하지만 조직을 위해서라면 헌신적으로 일하는 사람이었다.

팀장이 그 직원과 일대일미팅을 하는데, 대뜸 "함께 일하는 선배가 저와 잘 맞지 않는다"며 팀을 바꾸어달라고 말했다. 선배는 자세한 가이드를 주지 않은 채 일을 맡기고는 질문하면 알아서 하라고 얘기만 한다는 것이었다. 결과물을 갖고 가면 틀렸다면서 무엇을 어떻게 바꾸라는 지침도 없이 다시 해오라는 식으로 말해서 더 이상 함께 일하기 어렵다고 했다. 얘기를 들은 팀장은 난처했다. 팀장은 그 선배 직원과 과거 6년을 함께 일한 경험이 있었기에, 비록 그가 자상하지 않고 말투가 퉁명스럽기는 해도 후배 직원에게 나쁜 의도를 갖고 말하는 것이 아니라는 것을 알고 있었다. 게다가 선배 직원은 사심없이 조직에 헌신하는 사람이었다. 한편 3년차 직원도 평소 성실하고 눈치가 있어 일을 빠르게 처리하기에 앞으로 잘 키우면 팀의 인재로 성장할 수 있다고 생각하고 있었기에 어느 한 편을 들기가 곤란한 상황이었다. 팀장은 일단 잘 알겠다고 말하고는 다시 면담할 것을 약속하고 미팅을 마쳤다.

일주일 후 팀장은 3년차 직원을 만나 일상적인 대화를 나눈 다음 이렇게 물어보았다.

"개인적으로는 어떤 사람이 되고 싶어요?"

팀장과 직원 사이에는 어느 정도 신뢰가 형성되어 있었기에 사적인 질문에도 직원은 기분 나빠 하지 않았고 오히려 그런 질문을 해주는 것을 본인에 대한 관심이라 생각하고 진솔하게 답했다.

"팀장님이 알고 계시지만 저는 교인입니다. 그래서 살면서 주변 사람들에게 선한 영향력을 끼치고 싶습니다."

팀장은 그의 눈을 지그시 바라보면서 말했다.

"그렇군요. 그런 따듯한 마음을 갖고 있는지 잘 몰랐어요".

(잠시 침묵이 흐른 후) "그렇다면 함께 일하기 힘든 선배 직원에게는 어떤 선한 영향력을 끼칠 수 있을까요?"

직원은 팀장의 질문에 움찔하는 듯하더니 위를 쳐다보며 잠시 생각에 잠긴 모습을 보였다.

"제가 지금까지 선배의 말투와 행동에 짜증과 화가 나서 수동적으로 대했던 것 같습니다. 그래서 선배에게 어떻게 주도적으로 선한 영향력을 끼칠 수 있는지에 대해서는 미처 생각해보지 못했습니다. 한번 더 생각해보겠습니다."

직원의 말에 팀장이 고개를 끄덕였다.

우리는 일에 부딪치면 그 이슈에 매몰되어 습관적으로 대응하고 반응한다. '나는 어떤 사람이 되고 싶은가?', '내 삶에 의미 있는 가치는 무엇인가?'를 생각하며 존재 차원의 깊이까지 들어가지 못한다. 이때 보다 근원적으로 자신은 어떤 존재인지, 어떤 사람이 되고 싶은지를 생각해보게 하면 당면한 상황이나 이슈에 매몰되지 않고 새로운 차원의 대안을 떠올리게 된다.

존재적 질문은 비단 라이프코칭에만 유효한 것이 아니다. 사무실에서 리더와 직원들의 대화에도 얼마든지 적용할 수 있다. 표면적 이슈나 감정 차원에서 해결책을 모색하지 않고, 보다 존재적인 차원을 상정하고 성찰하게 하여 직원의 행동 변화를 이끌어낼 수 있다.

»»»

신뢰관계를 심화하는 감사의 힘

신뢰관계를 심화하기 위한 리더의 놀랍도록 강력한 도구는 감사의 표현이다. 직장에서의 감사는 예의바른 매너나 단순한 감사를 넘어서는 것이다. 구성원들이 진심으로 존중받고 인정받는 문화를 조성하는 것이다. 이는 단순히 일을 잘 수행한 것에 대해 누군가에게 감사하는 것을 넘어서, 그들이 그간 발휘한 노력, 헌신, 강점을 인정하는 것을 포함한다.

신뢰관계를 심화하는데 감사가 중요한 이유는 리더 스스로가 구성원을 보는 관점이 달라진다는 것이다. 구성원이 성과를 내기 위한 도구가 아니라 섬김의 대상으로 변화하게 되고, 성과에 앞서 구성원의 잠재력과 성장에 초점을 맞추게 된다.

또한 리더가 감사를 표현하면 긍정적인 분위기가 조성된다. 이러한 분위기는 구성원들이 자신의 노력이 인정받고 가치가 있다는 것을 알고 업무에 더욱 몰입할 수 있게 한다. 간단한 감사 표현만으로 구성원의 사기를 크게 높일 수 있다. 감사하다는 느낌은 강력한 동기를 부여하며 생산성과 직업만족도를 높이는데 도움이 된다. 감사는 팀워크 강화에도 도움이 된다. 구성원들이 서로에 대해 감사함을 느끼면 효과적으로 협력하고 서로를 지원할 가능성이 높아진다. 감사를 공개적으로 표현하는 환경은 조직의 심리적 안전감을 높이고 더욱 정직하고 투명한 소통을 활성화한다. 구성원들이 아이디어와 피드백을 더 편안하게 공유하고 상호 신뢰의 분위기를 심화하게 된다.

감사경영의 실천 방안은 다음과 같다.

- 구체적인 감사: 일반적인 감사는 때때로 진심이 느껴지지 않을 수 있다. 누군가에게 감사하는 내용을 구체적으로 설명하는 것이 바람직하다. 이는 리더가 구성원들의 특정한 기여를 관찰하고 진심으로 가치 있게 여긴다는 것을 보여준다. 팀원들에게 특정기여나 노력에 대해 감사를 전하는 개인 메모나 이메일을 작성하면 효과적이다.
- 적시성: 구성원의 성공적인 업무수행 또는 모범적인 협력 사례를 인식하는 즉시 감사의 마음을 표현해야 한다. 이러한 즉각적인 인식은 감사의 효과를 높이고 긍정적인 행동을 강화하게 만든다.
- 공개 인정: 개인적인 감사도 중요하지만 공개적인 인정이 훨씬 더 강력하다. 동료들 앞에서 구성원의 기여를 인정하면 성취감이 높아진다. 회의 중 또는 뉴스레터를 통해 구성원들의 업적이나 기여를 공개적으로 표창하거나 플랫폼을 만들어 구성원들이 서로에게 감사를 표현할 수 있는 환경을 조성하는 것도 효과적이다.
- 솔선수범: 감사의 문화는 위에서부터 시작한다. 리더가 지속적으로 감

사를 표현할 때 감사는 조직문화의 일부가 된다. 이러한 감사운동은 일시적인 행사가 아니라 경영방침의 일환으로 지속적으로 추진될 때 더욱 효과를 발휘한다.

기업의 신뢰문화 조성에 가장 효과적인 방법 중 하나가 '감사일기운동' 이다. '매일 3 감사 또는 5 감사'를 쓰는 감사일기는 하루 동안 받은 감사한 일들을 기록하는 일기다. 감사일기를 쓰면 자신에게 감사할 일들이 얼마나 많은지 알게 되고 감사하는 마음을 키우는 데 도움이 된다. 또한 감사일기를 통해 다른 사람의 도움과 헌신을 잊지 않고, 그들에게 감사의 마음을 표현하는 데 도움이 된다. 포스코는 2010년 한 계열사에서 처음으로 '감사일기쓰기운동'을 전개했는데, 조직의 신뢰 구축과 협력 증진 면에서 큰 효과를 보았다.

H코치는 자동차부품회사의 임원 코칭을 하면서 조직에서의 신뢰 구축을 위해 고심하는 임원에게 감사일기를 써보도록 권유했다. 그 임원은 감사일기쓰기를 바로 실천했고 가족과의 공유를 통해 자신감을 얻게 되었다. 이러한 경험을 바탕으로 산하 리더들과 감사일기 밴드를 만들어 새벽에 일어나 업무와 연계한 '5 감사'를 써서 출근 전에 공유하여 임원의 간절함과 진정성을 전달했다.

H코치는 10여 명의 리더들과 왜 감사나눔인가에 대한 질의 응답과 함께 여러 경우별로 감사를 적어보고 서로 인정하고 격려하는 시간을 가져 분위기를 조성했다. 조직내 확산을 위해 감사신문사의 협조를 얻어 감사쓰기 참여실습을 하고, 전 직원이 참여하는 아이디어 공모로 '감사 Tree 게시판'을 만들었

다. 얼마 안 가 구성원들 모두가 자연스럽게 감사거리를 찾고 적어 Tree에 매달아 서로에게 감사하는 신뢰의 조직 분위기를 만들게 되었다.

이렇게 해서 임원은 사업부장으로 승진했고, 감사활동에 가장 열정적인 그룹장이 뒤를 이어 후임 임원이 되었다.

감사의 영향은 리더와 구성원 간의 신뢰관계를 강화하는 직접적인 혜택을 넘어 조직 전체로 확장된다. 한 사람이 감사하고 가치 있다고 느낄 때 다른 사람에게도 동일한 행동을 베풀 가능성이 더 높아진다. 이러한 연쇄반응은 전반적인 업무문화를 변화시켜 더 나은 팀워크, 더 높은 생산성, 궁극적으로 더 성공적인 조직으로 이어질 수 있다. 이와 같이 감사하기는 팀의 역동성을 높일 수 있는 간단하면서도 심오한 도구다.

»»»

SMART코칭모델을 활용한 리더십 개발(코칭 사례)

정 부장은 모 은행의 대기업 금융센터장으로 리더십 평가에서 최하위 평가를 받아 코칭을 받게 되었다. 리더십 평가를 통해 그의 장점은 우수한 업무 전문성과 추진력, 비즈니스 통찰력으로 나타났다. 단점으로는 칭찬과 격려 부족, 감정조절 부족, 비생산적 회의가 지적되었다. 한마디로 성과는 우수한 편이나 자기관리와 구성원의 동기부여 및 육성이 미흡한 리더로서 구성원과의 신뢰 구축과 조직문화 개선이 시급해 보였다.

코칭은 리더십 평가 결과를 솔직하게 공유하며 시작되었다. A코치는 먼저 리더십 평가 결과에서 나타난 그의 장점을 인정했다. 업무에 대한 전문성, 추진력, 비즈니스 통찰력을 잘 갖추고 있어 상대에 대한 존중과 역지사지, 부정적인 피드백 중심에서 강점 기반의 피드백을 통한 구성원의 개발을 보완할 경우 더욱 훌륭한 리더로 성장할 수 있다는 점을 함께 성찰했다. 그리고 SMART코칭모델을 활용하여 코칭의 목표 수립과 현상의 공유, 대안 발굴과 실행계획을 수립하고 실행 상황 점검과 피드백을 통해 바람직한 리더십을 개발하기로 했다. 정 부장에게는 일대일미팅을 통해 구성원들의 강점을 파악하라는 원포인트 과제를 부여했다.

1차 세션: 목표와 현재의 공유

코칭의 목표는, '구성원을 존중하고 성과와 육성의 2가지 가치를 추구하는 코치형 리더'가 되는 것으로 정했고, 성과지표는 연말의 '리더십 다면 평가'에서 '매우 우수' 평가를 받는 것으로 정했다.

현재의 상황은, 결과에만 초점을 맞추다 보니 구성원에 대한 배려와 동기부여가 미흡하고, 초조한 마음에서 성과가 부진한 구성원에 대한 감정조절 부족이 자주 나타나고 있었다. 회의는 성과부진자에 초점이 맞추어져 성과부진의 원인과 대책에 대한 집요한 추궁으로 무겁고 비생산적으로 진행되고 있다는 점이 확인되었다.

목표와 현재에 대해 공유를 하고 나서 A부장은 이번 코칭을 통해 자신의 리더십 스타일을 코치형 리더로 변화시키겠다는 결심을 밝히며 매우 밝은 표정을 지었다.

2차 세션: 대안의 탐색과 실행계획

이러한 상황을 개선하기 위해 '강점 기반의 리더십'을 통해 구성원의 약점에 대한 피드백이 아니라 구성원의 강점을 파악하고 잠재력을 개발하는 데 초점을 맞추기로 했다. 또한 회의도 성과부진자의 원인과 대책 중심의 보고에서 성과우수자의 우수사례 공유 중심으로 변화시키기로 했다.

리더십개발계획을 구체적으로 수립하여 인정과 칭찬하기, 열린 질문과 경청하기, 사람의 강점과 과정에 초점을 맞추고 멘토링과 피드백 실시, 일대일 면담 활성화, 회의 운영을 우수사례 공유 중심으로 전환하기로 설정했다. 이러한 것을 본인이 실천하는 것에서 한발 더 나아가 조직문화그라운드룰로 정리해서 구성원들과 함께 공유하고 실천하기로 했다.

조직문화그라운드룰

팀 비전	팀으로서 지향 목표
1. 실적이 아닌 성과를 만드는 센터가 된다. 2. 구성원 각자가 주인이 되는 두려움 없는 유연한 센터가 된다.	수평적 소통문화 정착을 통해 팀원의 신뢰와 역량을 극대화하여 회사와 팀원의 성공 그리고 고객에게 행복에 이르는 통로가 되는 센터가 된다.

주요 변화 포인트: 수평적 소통문화 정착을 위한 인정/칭찬, 경청 실행

	To Do	Not To Do
인정/칭찬	• 부서원에게 작은 일도 자신감을 북돋을 수 있는 진심 어린 공감과 칭찬을 한다.	• 부족한 부분을 팀원들 앞에서 공개적으로 표현하여 수치심을 유발하지 않는다.
경청	• 적극적 경청을 하며, 가벼운 대화를 통한 미팅으로 신뢰감을 형성한다.	• 부서원과 대화 시 중간에 말 끊기를 하지 않고 끝까지 귀 기울여 듣는다.
질문	• 생각할 수 있는 질문을 통해 부서원이 주도적으로 대화에 참여토록 한다.	• 공격적인 질문, 정해진 답을 듣기 위한 질문을 삼간다.
피드백	• 부서원의 자존감과 자부심을 북돋아 잠재된 역량을 끌어 내기 위한 피드백을 한다.	• 적절한 보상과 동기부여가 되지 않은 일방적 요구나 피드백은 삼간다. • 단편적인 평가나 지적하는 피드백을 삼간다.

3 · 4차 세션: 리뷰와 피드백

매 코칭세션에서 리더십 개발계획의 실행사항을 점검하고, 잘된 점과 미흡한 점을 점검하고, 다음 세션까지 집중할 사항을 정하고 실천했다. 개선이 잘 안 되는 부분은 롤플레잉을 통해 실전감각을 익힐 수 있도록 했다.

이러한 리더십 스타일의 변화 여정에서 롤플레잉의 역할은 매우 중요한 것으로 나타났다. 센터장이 알았다고 한 사항도 롤플레잉을 해보면 여전히 과거의 말투와 스타일이 나타났기 때문이다.

A코치는 코치와 고객이 역할을 바꾸어 실습을 해봄으로써 그러한 것을 직접 느낄 수 있도록 했다. 특히 일일 체크리스트를 만들어 중요 실천사항에 대해서 일과 후에 스스로 점검하고 개선점을 찾아 실천하도록 했다.

5차 세션: 신뢰관계 구축과 심화

성찰을 통한 바람직한 리더상 정립은 신뢰관계 구축의 출발점이 되었다. 리더의 올바른 자기인식이 없는 변화는 일시적인 변화에 그치게 되고 진정한 변화를 실현하기 어렵기 때문이다. 리더의 자기인식을 바탕으로 하는 리더십 개발계획의 철저한 실천을 통해 리더와 구성원과의 신뢰관계가 구축될 수 있다.

구성원들은 회의 운영의 전환을 통해 조직내의 우수사례를 공유하고 학습함으로써 성장과 자신감을 키울 수 있게 되었다. 조직문화 면에서도 과거와는 전혀 다른 매우 의욕적이고 성과 지향적인 조직으로 변모되었다.

코칭의 성과로 리더는 본인뿐 아니라 직원들에 대해서도 약점보다는 강점에 초점을 맞추어 강점을 활용하고 개발하는 피드백과 코칭 능력이 향상되었다. 자신과 스타일이 같은 직원은 물론 다른 직원들도 긍정적인 시각으로 바라보게 되었고, 다른 스타일이 더 이상 갈등 요소가 아닌 시너지 요소로 전환되었다.

A부장은 코칭받기 전의 자신을 '가혹한 관리자'로, 코칭 후의 자신을 '치어리더이자 코치'에 비유하여 표현했다. 그리고 그해 연말 리더십 다면 평가에서 4단계 중 가장 높은 '매우 우수' 평가를 받았다는 기쁜 소식을 코치에게 보내왔다.

SMART코칭모델을 활용한 코칭세션 진행 현황

1차 세션	2차 세션	3차 세션	4차 세션	5차 세션
- 경영자의 자기 성찰 - 경영 과제의 정리 - 원포인트 과제 부여	- 과제에 대한 목표 설정 - 현재 상황 인식 - 대안 발굴(브레인스토밍) - 실행계획 수립	- 실행 점검과 보완(1) • Review & Feedback • Role Playing	- 실행 점검과 보완(2) • Review & Feedback • Role Playing	- 성과 점검 - 향후 계획 수립 - 코칭에 대한 종합 정리
- 현재까지의 핵심 성공 요인은? - 어떤 리더로 기억되고 싶은가? - 코칭을 통해 얻고자 하는 것은 무엇인가?	- 바람직한 모습은? - 현재의 점수는? 목표 점수는? - 어떠한 방안이 있는가? - 어떤 것을 실행에 옮길 것인가?	- 실행에 대한 평가는? - 효과적인 것은 무엇이고, 효과적이지 못한 것은 무엇인가? - 새롭게 대두된 이슈를 어떻게 해결할 것인가?	- 실행에 대한 평가는? - 효과적인 것은 무엇이고, 효과적이지 못한 것은 무엇인가? - 새롭게 대두된 이슈를 어떻게 해결할 것인가?	- 전반적인 성과는 만족스러운가? - 배운 점은 무엇인가? - 코칭받기 전과 코칭받은 후를 비유적으로 표현한다면?

S M A R T C O A C H I N G

3

코칭하는 조직만
살아남는다

9장

인재는 무엇으로 성장하는가

강점코칭

과거에는 진단을 통해 약점을 파악하고 개선하는 데 초점을 맞추어 인재를 육성했다. 그런데 한계에 부딪혔다. 시대의 변화를 따라잡을 수도 없고, 유능한 리더로 양성하기도 어렵다는 사실을 알게 되었기 때문이다. 지금은 인재 육성의 포인트가 약점이 아닌 강점에 맞추어져 있다. 개인의 강점에 집중하고, 약점은 문제가 되지 않도록 관리하는 쪽으로 바뀌었다. 재능을 파악하고, 인정하고, 활용하는 강점 기반의 코칭이 필수인 시대다.

»»»

평균적 인재와 탁월한 인재의 결정적 차이

과거에 기업들은 구성원들의 역량을 개발하기 위해 역량을 진단하고 약점을 파악하여 개선하는 데 초점을 맞추었다. 조직마다 접근 방식이 달랐지만 기본은 비슷했다. 먼저 조직에 적합한 인재상과 필요한 역량이 무엇인지를 정의하는 역량모델을 만들고, 구성원 개인을 진단하여 현재 수준을 파악하고, 잘하는 부분과 개선할 부분을 파악하여 그에 맞게 교육을 진행했다. 결과는 어땠을까? 약점을 보완한다고 해서 시대의 변화를 따라잡을 수 없고, 약점을 개선하여 유능한 리더로 양성하기도 어렵다는 사실을 알게 되었다.

약점을 보완함으로써 평균적 인재 만들기에는 성공할지 몰라도 탁월한 인재로 키우기에는 역부족이다. 리더십 개발도 마찬가지다. 주의사항을 파악하고 통제하여 문제가 생기지 않게 관리하는 리더는 양성할 수 있지만, 자신만의 강점과 스타일을 발휘하여 조직의 미래를 만들어가는 리더는 찾기 힘들다. 따라서 약점을 개선하기보다 구성원의 강점을 강화함으로써 인재를 육성하는 방향으로 기업은 변화하고 있다. 구성원 개인의 강점 개발에 집중하고, 약점은 문제가 되지 않도록 관리하는 쪽으로 바뀌어가고 있다.

개선점이 아닌 강점에 초점을 맞춘다

인재를 개발한다면서 약점을 파악하여 개선시키려는 약점 위주의 전통적인 개발 접근법에는 다음과 같은 3가지 전제가 있다.

첫째는 성공하는 사람은 모두 같은 방법으로 성공한다는 것이고, 둘째는 약점을 고치면 성공할 수 있다는 것이고, 셋째는 모든 기술과 지식을 학습할 수 있다는 것이다.

학교 교육에서는 약점이나 부족한 점을 보완하는 자기개발의 원칙이 합당할 수도 있지만, 학교를 벗어나면 다른 이야기가 된다.

A군은 대학에서 경제학을 전공하고 취업해서 기획팀에서 일하고 있다. 그는 투자 관리와 함께 홍보 업무도 일부 맡고 있다. 경제학을 전공했기 때문에 분석과 예측도 잘하지만, A군의 강점은 무엇보다 소통 능력이다. 짧은 경력에도 불구하고 귀빈에게 회사 소개 프레젠테이션은 물론 신년사를 비롯한 사장님의 연설문을 도맡아 작성하고 있다. A군의 상사인 기획팀장과 기획본부장도 A군의 강점을 잘 알고 있어서 그를 앞으로 대외 홍보 업무를 포함한 커뮤니케이션의 전문가로 육성하려 하고 있다.

기업들은 이렇게 구성원의 부족한 부분을 보완하려고 하기보다 구성원의 뛰어난 역량, 즉 강점을 기반으로 성과 창출에 활용하고 있다. 그런데도 여전히 역량 개발에서 개선할 부분에 촉각을 드리우는 리더들이 많다. 코칭에서도 그렇다. 다음은 이와 관련한 이야기다.

김 팀장은 이번 인사에서 전략기획팀장으로 발령을 받았다. 그는 새로운 마음으로 얼마 전 팀장교육에서 배운 코칭을 적용해보려고 팀원들과 일대일 면담을 진행했다. 그런데 예상과 달리 팀원들의 반응이 미지근했다. 팀장의 질문에 대답하는 둥 마는 둥 했고 표정도 밝지 않았다. 바쁜 중에 기껏 시간을 내어 면담을 가졌는데 부정적 반응을 보이는 팀원들에게 김 팀장은 섭섭한 마음이 들기도 했지만, 혹 자신의 코칭 방법에 문제가 있었던 건 아닌지 돌아보게 되었다. 그래서 팀원들 중 선임인 이 차장과 점심을 함께하면서 면담에 대한 솔직한 의견을 구했다. 이 차장이 말했다.

"팀장님이 갑자기 개선할 점이 무엇이고 어떻게 개선하면 좋을지를 이야기하자고 하시니 당황스러웠습니다. 처음 부임하신 팀장님께 '저는 이런 게 문제입니다' 하고 말씀드리고 싶지는 않았거든요."

코칭을 부정적으로 생각하는 직장인들이 많다. 스스로 필요성을 느껴 이루어지는 경우보다 회사의 인사부서나 상사의 주도하에 실시되는 경우가 많기 때문이다. 오해도 적잖이 작용한다. 코칭을 처음 접하는 사람들은 자신에게 부족한 부분을 지적받고 개선하는 것이 코칭이라고 생각한다. 부담스러워하고 수동적으로 임하게 된다.

만약 김 팀장이 면담에서 개선점이 아니라 강점에 대해 물어보고 앞으로 코칭을 통해 강점을 어떻게 발전시킬 수 있을지 이야기해보자고 했다면 어땠을까? 팀원들이 부정적 반응 대신 관심과 열의를 보이지 않았을까?

강점을 기반으로 코칭을 시작하면 대상자의 에너지 수준이 올라가 긍정적으로 반응한다. 코칭에 빠르게 몰입하여 개선이 필요한 부분에 대해서도 터놓고 이야기할 수 있게 된다. 리더가 코치인 SMART코칭이 강점에 특별히 주목하는 이유도 여기에 있다.

같은 재능 다른 인정, 이유가 뭘까?

강점코칭에 들어가기 전에 먼저 강점이 무엇인가를 정확히 이해할 필요가 있다. 사람은 저마다 남들보다 잘하거나 나은 면을 가지고 있다. 흔히 재능(talent)이라고 말한다. 말을 잘하는 사람도 있고, 운동을 잘하는 사람도 있다. 어떤 자리에서든 순식간에 친구를 만드는 사람도 있다. 해당 분야에 재능을 가진 사람은 누가 가르쳐주지 않아도 빨리 익히고 쉽게 해낸다. 말 잘하는 사람들 중에서 학원을 다니며 배운 사람이 거의 없듯이 말이다. 또 어떤 일을 하며 즐거움을 느끼고 또 하고 싶어진다면 그 일에 재능이 있는 것이다. 시키지 않아도 남들 앞에서 이야기하기를 좋아하는 사람은 말하기의 재능을 갖고 있는 것이다.

재능은 그 사람이 어떤 사람인지 설명해준다. 말을 조리 있게 잘하는 김 대리는 '말 잘하는 친구'로 통한다. 팀장은 그의 말솜씨를 인정하여 부서 간 회의 때 선배들을 대신해서 부서 의견을 설명하는 일을 맡겼고, 김 대리는 매번 그 역할을 훌륭히 수행했다. 일을 수행하며 자신의 재능을 깨닫고 자신감을 갖게 된 김 대리는 회사에서뿐만 아니라 동호회에서도 유창한 말솜씨를 발휘했고, 자연스럽게 중요 역할을 맡게 되었다.

김 대리는 재능이 강점으로 발전된 경우다. 이와 달리 개발이 안 되거나 오용되는 경우가 있다. 이 대리도 말을 잘하는 편이지만, 회사에서 별로 인정을 받지 못한다. 동료나 상사와 일대일로 대화할 때는 청산유수인데 상대가 두세 명만 넘어가면 말이 산으로 간다. 자신의 말에 도취되거나 정리가 안 되어 그런 것이다. 한마디로 개발이 안 된 탓이다. 그래서 김 대리가 "참 말 잘한다"는 칭찬을 듣는다면, 이 대리는 "말은 잘한다"는 평가를 듣는다.

똑같이 말의 재능을 갖고 있지만, 김 대리는 인정을 받는 반면 이 대리는 받지 못하는 이유는 강점에 있다. 재능이 긍정적인 결과를 지속적으로 내는 것을 강점(strength)이라고 할 때, 김 대리의 말하기 재능은 어디서나 긍정적으로 발현되지만, 이 대리의 말하기 재능은 제한적으로 구현될 뿐이다. 김 대리의 재능이 발코니에 서서 푸른 하늘을 보고 있다면. 이 대리의 재능은 지하실에 갇혀 있는 셈이다. 그런 면에서 재능이 잠재력이라면, 강점은 성과라고 할 수 있다.

그러면 재능을 어떻게 강점으로 만들 수 있을까? 개발과 투자가 필요하다. 노력을 기울이면 재능이 강점이 될 수 있다. 가장 좋은 노력의 시작은 강점코칭이다. 강점코칭을 통해 재능을 파악하고 강화하면 나만의 강점으로 만들어 최상의 성과를 이룰 수 있다.

»»»

잘하는 걸 더 잘하게: 강점코칭 프로세스

최 과장은 팀에서 주무 역할을 맡고 있어 부서 간 회의에서 팀 대표로 의견을 발표하는 일이 자주 있었다. 그러나 말주변이 없어서 회의 때마다 힘들어 했다. 반면에 그는 뛰어난 분석력을 가지고 있었다. 남다른 논리력에 고난도의 엑셀은 물론이고 통계프로그램도 자유자재로 가지고 놀았다.

팀장은 최 과장을 분석에 집중하도록 배려했다. 발표의 부담을 던 최 과장은 자신의 장기에 더욱 주력할 수 있었고, 분석 과정과 결과를 동료들 앞에서 이야기하면서 자연스럽게 말하기에도 자신감이 붙기 시작했다.

강점 기반의 자기개발이란 이런 것이다. 잘하는 것에 집중하여 개발하는 것이다. 그러면 더 잘할 수 있게 되고, 자신 없던 일에서도 자신감을 가지게 된다.

강점 기반의 자기개발은 3가지를 전제한다. 첫째, 학습 역량은 한정되어 있다는 것이다. '하면 된다'가 아니라 '아무리 해도 뛰어나게는 안 되는 것이 있다'는 것이다. 약점은 관리될 수는 있어도 강점이 될 수는 없다.

둘째, 어떤 역할을 훌륭하게 수행하는 사람들이 갖고 있는 방법은 하나가 아니라는 것이다. 서로 다른 방법을 가지고 있을 수 있다. 고객을 잘 설득하는 사람들의 경우 말로 설득하는 사람도 있지만, 뛰어난 분석력과 정교한 데이터로 설득하는 사람도 있고, 남다른 공감 능력으로 고객의 마음을 잘 읽어 설득하는 사람도 있다. 각자의 강점을 탁월하게 사용하는 것이 관건이다.

셋째, 약점을 고치면 실패의 위험이 줄어들지만, 강점을 키우면 성공의 가능성이 높아진다는 것이다. 위의 최 과장은 자신의 강점인 분석력을 키워 조직에 기여하고 자신감도 높일 수 있었다.

강점을 개발하고 활용하는 강점코칭 3단계

강점 기반의 코칭은 크게 2가지 측면에서 접근한다. 하나는 강점으로 구현되고 있는 재능을 파악하여 조직의 목표 달성에 활용할 방법을 확립하는 것이고, 다른 하나는 강점으로 구현되고 있지 않은 재능을 파악하여 강점으로 개발할 방법을 찾아 계획을 수립하는 것이다.

일반적으로 강점코칭은 ①진단을 통한 강점 발견, ②재능의 수용과 확신, ③강점 개발과 활용의 3단계로 이루어진다.

1단계: 강점 진단과 발견

강점진단은 전문적인 진단 도구를 활용하는 것이 정확하고 효과적이다. 대표적인 진단 도구로 미국 갤럽의 강점진단(CliftonStrengths. www.gallupstrengthscenter.com)과 미국 심리학자 크리스토퍼 피터슨(Christopher Peterson)과 마틴 셀리그먼(Martin. E. P. Seligman)이 만든 VIA진단(www.viame.org/survey/account/register)을 활용할 수 있다.

그러나 진단 도구에만 전적으로 의존하면 재능의 수용과 활용 면에서 실질적이지 않을 수 있다. 따라서 자신에 대한 성찰 노력과 함께 자신을 잘 알고 있는 동료들의 피드백을 함께 활용하는 것이 바람직하다.

대상자의 직원과 상사, 동료와 면담하여 강점과 재능을 진단할 때 앞에서 살펴본 '조해리의 창'(151쪽)을 활용하면 도움이 된다.

공개된 영역

본인도 알고 있고 동료와 상사들도 알고 있는 재능이다. 이 영역에서의 강점은 동료들 인터뷰와 코칭을 통해 비교적 쉽게 파악할 수 있다.

정 팀장의 추진력은 자타가 공인한다. 처음 시도하는 프로젝트도 정 팀장이 맡으면 항상 해왔던 일처럼 한 치의 오차 없이 매끄럽게 진행된다. 뛰어난 통찰력과 사전 시뮬레이션을 통해 문제점을 예견하고 준비해서 일정에 맞게 이끌어가는 정 팀장의 역량 덕분에 프로젝트에 대해서는 크게 걱정할 필요가 없다. 이제는 모든 사람들이 신규 프로젝트가 있으면 당연히 정 팀장이 맡는다고 생각한다. 정 팀장도 부담을 느끼지 않는다.

숨겨진 영역

대상자는 알고 있지만 동료들이 인정해주지 않거나, 재능이 부정적으로 발현되어 성과로 연결되지 않아서 강점으로 인정받지 못하는 경우다.

황 연구원은 아이디어뱅크다. 해외 유명 대학의 박사 출신답게 최신 기술에 대한 해박한 지식을 갖고 있고, 동료들은 생각도 못하는 아이디어를 많이 내놓는다. 그의 아이디어들은 자신의 주업무인 신제품 개발뿐 아니라 회사 경영 전반에 걸쳐 있다. 다만 때로 전문성이 문제다. 동료들이 잘 모르는 첨단 과학과 기술 지식, 최신 경영 이론을 바탕으로 하고 있어 실현 가능한 아이디어로 인정받지 못할 때가 많다. 심지어 현실성이 떨어진다는 평까지 받으면서 제안을 꺼릴 정도까지 되었다.

코칭을 통해 대상자가 동료들의 반응을 객관적으로 인식하게 하고 아이디어를 현실적으로 발현할 수 있는 방법을 찾도록 인도한다.

맹목 영역(등잔 밑 영역)

이 영역의 재능은 대상자 자신은 잘 모르는데 동료들이 알고 있거나 성과에 기여한다고 생각하는 경우다. 이러한 재능이 대상자의 성공 도구가 되려면 피드백을 통해 자신의 재능을 파악하고, 그간 가려져 있던 등잔 밑 재능에 에너지를 불어넣어 강점으로 개발할 필요가 있다.

정 과장은 조용하고 차분하고 자신의 주장이 강하지 않은 사람이다. 의견이 다른 사람과 논쟁하기보다 상대방의 말을 귀 기울여 듣고 공감해주면서 대화를 풀어나간다. 정작 정 과장 본인은 자신이 너무 온순해서 손해보는 것도 많고 해야 할 말을 제대로 하지 못하고 있다고 생각한다.

부서 워크숍이 있었다. 각 구성원별로 돌아가면서 부서원 전체가 쪽지로 그 사람의 강점에 대해 피드백을 주기로 했다. 10명의 부서원들 중 6명이나 정 과장을 '탁월한 협상가'의 강점을 갖고 있다고 피드백해주었다. 공감하면서 풀어가는 정 과장의 대화 방식이 관련 부서나 협력업체와의 갈등을 해소하는 데 크게 도움이 되고 있다는 것이었다.

이렇게 자신도 모르고 있던 강점을 주변의 피드백에 의해 발견할 수 있다.

미지의 영역

대상자와 동료들 모두가 인식하지 못하는 재능이다. 그만큼 찾아내기도 어렵고 개발하기도 힘들다. 직접적 경험을 통해 발견의 기회를 갖는 것이 최상이다. 예를 들어 누구를 대신해서 경험해보지 못한 업무를 맡았다가 자신도 몰랐던 재능을 발견하는 경우가 있다. 새로운 환경에 놓이거나 해보지 않은 일을 하다가 특별한 매력이나 만족감을 느껴 꽃을 피우게 되는 재능도 있다.

숨은 재능이나 강점을 진단하는 데 도움이 되는 질문들을 예시한다. 대상자의 동료들과 인터뷰할 때 활용하면 필요한 진단 결과를 얻을 수 있다.

- 대상자가 성과에 크게 기여한 사례가 있었다면 무엇인가?
- 대상자가 성과에 기여했을 때 구체적으로 어떤 일을 잘 했는가?
- 대상자의 그 재능이 지속적으로 성과에 기여하고 있는가?
- 성과에 기여하지 않지만 대상자가 잘하는 일이 있는가?
- 어떤 이유로 대상자가 잘하는 일이 성과에 기여하지 못하고 있다고 생각하는가?

2단계: 재능의 수용과 확신

앞의 강점진단을 참고하여 대상자에게 다음의 질문을 던지면 현재의 강점과 아직 강점으로 발현되지 않은 재능을 파악할 수 있다.

- 가장 기억에 남는 큰 성과는 무엇인가?
- 그 성과에 당신의 어떤 재능이 어떻게 기여했는가?
- 동료들에게 당신의 강점에 대해 물으면 그들이 무엇이라고 이야기할 것 같은가?
- 동료들은 당신의 약점이 무엇이라고 이야기하는가?
- 당신은 상사에게 어떤 비판이나 충고를 지속적으로 받고 있는가?
- 당신은 비판이나 충고를 업무에 적용하기 위해 어떤 노력을 해보았는가?
- 최근에 거둔 뜻밖의 성과에 대해 이야기해보라. 그것이 가능했던 이유는 무엇이라고 생각하는가?

자신의 재능을 정확히 파악하는 것이 중요한 이유는 제대로 개발하면 강점으로 구현되지만, 잘못 발현되면 도리어 약점으로 나타나기도 하기 때문이다. 다음은 재능이 약점이 된 사례다.

A팀장은 상사와의 관계가 어려웠다. 상사에게 인정받지 못하고 있었고, 아이디어도 받아들여지지 않았다. 의기소침해진 상태에서 코치로 활동하는 대학 선배를 만나 어려움을 토로하니 선배가 강점진단을 받아보라고 했다.

진단 결과, A팀장은 '발상'이 뛰어났다. 창의적이고 혁신적인 아이디어를 잘 떠올린다는 진단이었다. 실제로 그는 일에 대한 시각이 참신하고, 구태의연한 방식을 체질적으로 싫어했다. 상사에게 보고하거나 회의에서 발언할 때에도 남들이 미처 생각지 못한 부분을 중심으로 자신의 이야기를 이어갔다. 그는 열의를 다했지만 결과는 좋지 않았다. 상사는 그에게 "뜬구름 잡는 이야기"라거나 "무슨 말을 하는지 모르겠다"며 신통치 않은 반응을 보였고 관계는 점점 나빠져갔다.

코치가 "상사와의 관계 개선을 위해 강점을 이용한다면 어떻게 할 수 있을까?"라고 물으니, A팀장은 "상사에게 보고하기 전에 미리 내용을 정리해서 리허설을 해보겠다"고 말했다. 아이디어도 중요하지만 전달력도 중요하다는 반성을 한 것이다.

다음 만남에서 A팀장은 "코치님과 약속한 대로 실천했더니 상사의 태도가 달라지고 관계가 개선되었다"며 "아이디어가 좋아도 그대로 말하기보다 상대에게 맞게 전달하는 것이 중요하다는 사실을 인식하게 되었다"고 말했다.

재능을 파악해서 수용한 다음에는 강점으로 개발할 수 있는 투자와 노력이 필요하다. 과제를 부여하여 가진 재능으로 완벽하게 해내는 훈련을 반복적으로 실시하면 강점으로 만들 수 있다.

또 하나의 방법은 강점을 활용하여 취약한 부분을 보완하는 것이다.

B팀장은 무엇보다 성과가 중요하다고 생각하는 원칙주의자다. 게다가 공감 능력도 부족해서 팀원들의 노고와 어려움에는 무심했다. 정기적으로 실시하는 리더십 평가에서 팀원들의 불만을 알게 되었고 코칭을 받았다.

코칭을 통해 강점의 중요성을 알게 된 B팀장은 자신의 강점인 전략적 역량을 활용해보기로 했다. 이후 그는 공감이 필요한 상황에 대해 파악하고 공감을 얻기 위한 소통 방법에 대한 계획을 세밀하게 세워 실행함으로써 팀원들의 신뢰를 회복할 수 있었다.

3단계: 강점 개발과 활용

이 단계는 목표를 달성하기 위해 강점을 어떻게 활용할 것인지 구체적 방법을 찾는 것이다. 다음의 질문들을 많이 사용한다.

- ✓ 향후 업무적으로나 개인적으로 이루고자 하는 목표는 무엇인가?
- ✓ 목표가 자신에게 어떤 면에서 중요한가?
- ✓ 목표를 달성하기 위해 어떤 방법이 필요하다고 생각하는가?
- ✓ 목표를 달성하기 위한 방법에 자신의 어떤 강점이 가장 자연스럽게 연결되는가?

✓ 강점을 활용하여 목표를 달성한다면 구체적으로 어떤 행동을 취해야 하는가? 그 행동을 하는 데 어느 정도의 노력이 필요한가?

✓ 내가 잘하는 일을 남들이 알아주지 못하는 것에 어떤 장애물이 있는가? 그 장애물을 어떻게 제거할 수 있는가?

자신의 강점을 더 많이 의식하고 활용할수록 성공에 가까워진다. 또한 강점이 성공에 어느 정도 기여하는지도 알 수 있게 된다. 강점과 성공은 사람들이 짐작하는 것보다 훨씬 더 밀접한 상관관계를 맺고 있다. 강점을 발휘할수록 성공 가능성이 커진다.

강점의 중요성을 알았다면 일상에서 강점을 강화하고 활용하는 습관을 들여보기 바란다. 자신의 재능 중 하나를 정해서 하루 동안 집중적으로 생각해보는 것이다.

'오늘은 이 재능에 집중해서 내 삶에 어떤 변화를 가져올 수 있을까?'

이 질문을 매일 자신에게 던져 재능을 생각하고 훈련하고 적용하는 것이야말로 강점 활용을 위한 가장 훌륭한 루틴이다.

»»»

성과는 크고 만족도는 높다:
강점 기반의 팀 빌딩

팀은 성격과 재능이 각기 다른 구성원들이 저마다의 방식과 스타일로 함께 일하는 집단이다. 그러므로 구성원들이 서로의 강점을 이해하고 활용하면 팀 빌딩과 성과 향상에 큰 도움이 된다. 강점을 기반으로 한 업무 분담과 협업이 구성원들의 업무 몰입도와 성과를 높이는 선순환이 일어난다.

피터 드러커는 "매니지먼트란 구성원들이 협업을 해서 성과를 낼 수 있게 하고, 그들의 강점이 발현되도록 하며, 약점이 별 작용을 하지 않도록 하는 것이다"라며 협업과 강점의 중요성을 강조했다.

강점 기반의 팀 구축하기

강점 기반의 팀을 구축하려면 먼저 구성원들의 강점을 파악해야 한다. 구성원들의 강점을 파악하기 위해 360도 피드백, 강점진단 툴을 활용할 수 있다. 여기서는 현재 기업 현장에서 주로 활용하고 있는 갤럽의 강점 진단을 활용하기로 한다. 갤럽의 강점 진단은 강점을 4개 영역(전략적 사고, 실행력, 대인관계, 영향력)에 걸쳐 34가지로 분류하고, 가장 강하게 발현하는 개인의 강점(Top 5 또는 Top 10)을 파악하고 개발하는 도구이다. 구성원들이 강점 진단을 통해 자신의 강점을 파악하면, 팀의 목표를 달성하기 위해 자신의 강점을 어떻게 활용할 수 있는지 이해할 수 있다.

각 개인의 강점을 파악하고 나면 팀 강점표(team grid)를 통해 팀의 강점 조합을 확인한다. 팀 강점표는 팀원들의 강점을 시각적으로 보여주는 도구다. 이와 같이 팀 강점표를 통해 팀의 강점 조합이 확인되면 팀의 강점을 활용하여 시너지를 낼 수 있는 방안을 모색할 수 있다.

팀 강점표가 작성되면 먼저 팀의 강점 패턴을 살펴본다. 팀의 강점이 위에서 말한 4개의 영역 중 특정한 영역에 집중되어 있는지, 아니면 다양하게 잘 분포되어 있는지를 검토한다. 팀 강점표에서 집중적으로 분포되어 있는 강점을 파악하고 이들 강점이 어떻게 효과적으로 발휘되고 있는지 함께 논의한다. 다음으로는 희소한 강점 영역이 무엇인지 확인하고, 이러한 특징이 어떻게 작용하고 있으며 어떻게 관리하는 것이 바람직한지 논의한다.

구성원들이 서로의 강점을 이해하고 활용하기 위해서는 팀워크가 필수적이다. 팀원들이 서로의 강점을 공유하고, 강점을 기반으로 협력하고 조율하는 방법을 배우게 된다. 이때 구성원들은 서로에 대한 강점과 강점이 발현되는 모습을 확인하고 서로에 대한 이해를 통해 신뢰 기반을 구축할 수 있다.

팀의 리더는 구성원들의 강점을 활용할 수 있는 환경을 조성해야 한다. 리더는 구성원들의 강점을 이해하고, 강점 기반으로 업무를 배분하고 수행하면

	실행력									영향력								대인관계 구축									전략적 사고							
이름	성취(Achiever)	정리(Arranger)	신념(Belief)	공정성(Consistency)	심사숙고(Deliberative)	체계(Discipline)	집중(Focus)	책임(Responsibility)	복구(Restorative)	행동(Activator)	주도력(Command)	커뮤니케이션	승부(Competition)	최상화(Maximizer)	자기 확신(Self-Assurance)	존재감(Significance)	사교성(Woo)	적응(Adaptability)	연결성(Connectedness)	개발(Developer)	공감(Empathy)	화합(Harmony)	포용(Includer)	개별화(Individualization)	긍정(Positivity)	절친(Relator)	분석(Analytical)	회고(Context)	미래지향(Futuristic)	발상(Ideation)	수집(Input)	지적사고(Intellection)	배움(Learner)	전략(Strategic)
A	1						8	9							7	10											2		6			5	4	3
B									2													9	10	3	8	6		1	5	4			7	
C								8							5	9			6					10	7				1	4			3	2
D					7									5				9									8	1		2	10	6	3	4
E		8	9	4	3			5										10				1				2	6					7		
F	3	4		8			2	7														1		9		10	6						5	
G											6		9	7	8									10		1	5			3		4		2
H								5	2										4	6	10			9	8				3	7			1	
I		3			9		4							1							8		7		5	2	6		10					
J						1		3	8										5		9	4		2		10	7						6	
K	5	7				6	10		3						9									2		8	4	1						
테마별 합계	3	4	1	2	3	2	4	6	4	0	1	0	1	3	4	2	0	2	3	1	3	4	2	7	4	7	8	3	5	5	1	4	7	4
테마별 순위	16	8	27	22	16	22	8	5	8	32	27	32	27	16	8	22	32	22	16	27	16	8	22	2	8	2	1	16	6	6	27	8	2	8
영역별 합계	29									11								33									37							

서 강점이 잘 발휘될 수 있도록 코칭하게 된다.

강점 기반의 팀은 구성원들의 잠재력을 최대한 발휘할 수 있는 팀이다. 갤럽의 강점 진단과 팀 강점표를 활용하여 강점 기반의 팀을 구축하면, 구성원들의 업무 만족도와 효율성을 높이고, 기업의 경쟁력을 강화할 수 있게 된다.

두 파트장을 만족시킨 송 팀장의 방식

사람은 고유한 재능이 서로 다르다. 누구에게는 식은 죽 먹기인 일이 누구에게는 어려울 수 있고, 나에게 자극이 되는 일이 동료에게는 시시할 수 있다. 추구하는 가치에 따라 재능이 달리 나타나기도 한다. 최고를 지향하는 사람은 품질을 중시하여 최상화에 자신의 재능을 쏟아붓는다. 적당한 품질로 많이 생산하는 조직이나 잡다한 업무를 두루 챙겨야 하는 역할에는 만족하지 못한다. 그런가 하면 전략적 사고의 강점을 가진 사람은 체계적 실행의 강점을 지닌 사람을 괴롭게 할 수 있다. 상황과 필요에 따라 언제든 수정할 수 있어야 한다는 전략적 선택은 반복적 시스템을 통해 성과를 창출할 수 있다고 믿는 체계적 지향의 사람들에게 큰 방해물로 다가오기 때문이다.

팀장이 이러한 재능의 차이점을 정확히 이해하고 활용한다면 어떤 조직보다 강한 팀을 만들 수 있다. 팀원들 각자의 재능이 조화와 균형을 이루어 창의적이고 생산적인 시너지를 분출하기 때문이다.

송 팀장은 파트장들에게 업무를 배분하는 방식이 남다르다. 발상과 주도력이 뛰어난 파트장에게는 큰 방향만 제시하고 구체적인 사항은 위임하며, 체계성과 책임감은 강하지만 아이디어가 부족한 파트장에게는 새로운 방법을 제시하며 아이디어회의도 갖는다. 강점에 기반한 팀장의 리더십 덕분에 두 파트장 모두 업무 성과와 만족도가 매우 높다.

이런 경우도 있었다. 프로젝트 리더가 심사숙고형이어서 진행은 빈틈없이 잘하는데, 프로젝트 막바지에 추진력이 떨어지는 현상이 나타났다. 송 팀장은 행동력이 강한 박 과장을 적시에 투입했고, 그의 강점에 힘입어 프로젝트가 성공리에 마무리될 수 있었다.

강점기반팀의 놀라운 생산성

강점 기반의 리더십을 갖춘 팀장은 전체 업무의 진행과 필요사항, 그리고 구성원들의 상태와 강점을 연결하여 올바른 역할을 부여하고 서로 긴밀히 협력하게 하여 높은 몰입도와 성과 창출을 가능하게 한다. 이처럼 다양한 재능을 가진 구성원들이 서로의 강점을 존중하며 목표를 달성하기 위해 서로를 필요로 하는 조직을 '강점기반팀'이라고 한다.

유능한 리더는 강점에 초점을 맞춘다는 조사결과가 있다. 갤럽에 따르면 '매일 자신의 강점을 활용하는 사람은 업무 몰입도가 6배 더 높은 모습을 보여준다. 매일 강점에 집중하는 팀은 생산성이 12.5% 더 높고, 강점에 기반한 피드백을 받는 팀은 수익성이 8.9% 이상 향상된다.'

10장

다르면 다르게

구성원의 특성에 따른 코칭 접근법

사람은 타고난 성격도, 보유한 강점도, 세상을 바라보는 관점도, 사람을 대하는 스타일도 각기 다르다. 따라서 리더는 구성원들 개개인을 세심히 살피고 이해하여 그에 맞는 리더십을 적용해야 한다. 그것이 바로 리더의 역할이다. 최고의 성과는 서로 다른 구성원이 자신의 특성에 맞는 역량을 최고로 발휘할 때 이루어진다는 사실을 명심해야 한다.

»»»

개혁적인가, 사색적인가: 구성원을 파악하는 방법

조직의 리더가 코칭을 준비할 때 가장 유념해야 할 것이 있다. 구성원의 개성과 특성을 미리 파악하는 것이다. 이순신 장군이 23전 23승의 대업을 이룰 수 있었던 비결은 '나를 알고 적을 알면 백 번 싸워도 위태로움이 없다(知彼知己 百戰不殆)'는 《손자병법》의 가르침을 실천한 것이다. 장군은 아군의 전력을 점검하고 전쟁터의 형세와 적의 동태를 파악하는 데 한 치의 소홀함이 없었다.

코칭에서의 진단은 이순신 장군이 아군의 전력을 점검하기 위해 기울인 노력에 비유할 수 있다.

구성원들 개개인의 특성과 강점을 파악할 수 있는 진단에는 여러 방법이 있다. 코치가 코칭 대상자와 연결되어 있는 사람들을 중심으로 360도 피드백을 받거나 인터뷰를 진행할 수 있고, DISC, MBTI, 에니어그램, 해리슨진단, BIRKMAN, 갤럽의 강점진단, Big 5, 교류분석(Transactional Analysis)을 활용할 수 있다. 이 중에서 주로 활용되는 도구의 특징을 간략히 소개한다.

MBTI(Myers-Briggs Type Indicator)

MBTI는 미국의 이사벨 마이어스(Isabel Myers)와 캐서린 브리그스(Katharine Briggs)가 칼 융(Carl Jung)의 성격유형이론을 토대로 만든 자기보고식 성격유형검사 도구로, 활용이 쉽고 간편하여 학교, 직장, 군대 등에서 광범위하게 사용되고 있다.

에너지의 방향과 인식 대상에 따라 4가지 기준을 제시하고, 검사 결과를 토대로 수검자를 16가지 심리유형 중 하나로 분류한다. 4가지 기준은 정신적 에너지의 방향을 나타내는 외향-내향(Extroverts-Introverts)지표, 정보 수집을 포함한 인식의 기능을 나타내는 감각-직관(Sensors-Intuitivists)지표, 수집한 정보를 토대로 판단하고 결정하는 사고-감정(Thinkers-Feelers)지표, 인식과 판단 기능이 실생활에 적용되어 나타난 생활 양식을 보여주는 판단-인식(Judgers-Perceivers)지표 등이다. MBTI는 이 4가지 지표를 조합한 양식으로 16가지 성격유형을 제시하여 성격적 특성과 행동의 관계를 이해하도록 돕는다.

에니어그램(Enneagram)

사람을 9가지 성격유형으로 구분한 인간 이해의 틀이다. 에니어그램(enneagram)은 9를 뜻하는 희랍어 ennear와 점, 선, 도형을 뜻하는 grammos의

합성어로, 본래 '9개의 점이 있는 도형'을 의미했다. 고대 그리스와 러시아, 이슬람 등에서 구전되어 내려오던 에니어그램시스템을 러시아의 구르지예프(Gurdjieff)와 볼리비아의 이차소(Ichazo)가 재정리했다. 신비주의적이고 종교중심적인 접근법에서 탈피하여 성격심리학적인 접근을 시도함으로써 9가지 유형을 개발했다.

에니어그램은 사람의 유형을 1번(개혁가), 2번(조력가), 3번(성취자), 4번(예술가), 5번(사색가), 6번(충성가), 7번(낙천가), 8번(지도자), 9번(중재자)으로 분류한다.

해리슨진단(Harrison Assessment)

해리슨진단(Harrison Assessment)은 미국의 조직심리학자인 댄 해리슨(Dan Harrison)이 개발한 도구다. 수학, 성격론, 상담심리학, 조직심리학 등에 정통한 해리슨이 '즐거움-성과이론'과 '패러독스(Paradox)이론'을 근간으로 만들었다.

현재의 직무(position) 적합도를 측정하여 특정 직무에서 높은 성과를 이룩한 사람들의 행동 특성을 분석하여 만든 표준 템플릿으로 수검자의 직무 적합도를 비교, 측정하여 적재적소에 선발, 배치할 수 있는 직무적합도 정보를 제공한다. 또한 패러독스이론을 근거로 개인의 행동 특성을 진단하여 필수적인 특질, 바람직한 특질, 피해야 할 특질이 무엇인지를 알려주며, 자기개발 포인트를 도출하여 각자의 강점과 약점에 따른 육성 요소를 파악하게 해준다.

갤럽의 강점진단(StrengthsFinder)

강점진단(StrengthsFinder)은 미국의 갤럽이 30여 년간 각 분야에서 가장 뛰어난 실적을 보여준 200만 명을 인터뷰한 결과를 바탕으로 개발한 자기발견 프로그램으로, 타고난 재능과 강점을 찾을 수 있게 도와준다. '강점심리학의 아버지'로 불리는 도널드 클리프턴(Donald O. Clifton) 박사는 사람들이 자신의 약점을 보강하거나 바로잡기보다 본래 가지고 있는 강점을 개발하면 몇 배 더 성장할 수 있다는 사실을 밝혀냈다.

인간 발달의 핵심은 각 개인이 간직한 자연 그대로의 모습을 바탕으로 스스로를 개발하는 것이다. 강점진단은 사람들의 재능을 발견하고 설명할 수 있는 강점을 34가지로 정의하고, 타고난 재능을 강점으로 개발하는 방법을 알려준다.

사람의 특성과 유형을 진단하는 도구는 다양하다. 개발 목적과 현재의 필요에 맞게 활용하면 의도한 결과를 얻을 수 있다.

이어서 지금까지 나온 성격진단 가운데 널리 활용되고 있는 DISC에 대해 알아보자.

»»»

주도형에게는 업무 중심적으로: DISC를 활용한 코칭법

DISC성격유형검사는 2,400여 년 전 히포크라테스가 제기한 '4가지 기질'에서 유래했다. 히포크라테스는 인간을 다혈질, 담즙질, 우울질, 점액질로 구분했는데, 이후 많은 사람들이 연구를 거듭하여 내용을 심화, 발전시켰다. 1928년 미국의 심리학자 윌리엄 몰턴 마스턴(William Moulton Marston)이 오늘날과 같은 4가지 유형으로 정리하고, 1958년 행동심리학자 존 가이어(John G. Geier)가 DISC모델을 개발하면서 전 세계적으로 확산되었다.

DISC는 환경과 인간 행동의 동기를 측정하는 도구다. 하지만 어떤 유형인지를 가늠하는 보조 수단으로 활용해야지, 평가의 수단으로 삼아서는 곤란하다. 특별히 어떤 유형이 좋고 나쁘다고 할 수 없다. 사람을 단순히 한 유형으로 특정할 수 없기 때문이다. 사람은 정도의 차이가 있을 뿐 4가지 유형을 복합적으로 보유하고 있으며, 그중에서 한두 가지 유형이 더 발현되거나 덜 발현될 뿐이다.

본부장은 설명이 아닌 결론을 원했다!

초보 팀장인 김 팀장이 본부장에게 첫 보고를 하는 날이다. 그가 맡은 일은 고객들에게 기술적인 서비스를 제공하는 TFT를 신설하는 것이다. 투자 금액도 제법 크고, 전문적인 내용이 많아 이해하기도 어렵고 여러모로 부담이 큰 상황이다. 게다가 단순 보고가 아닌 승인을 받아야 해서 무척 긴장되는 순간이다.

보고할 내용을 꼼꼼히 살핀 김 팀장은 본부장 앞에서 설명을 시작한다. 그런데 본부장이 김 팀장에게 눈길 한 번 주지 않고 보고서만 들여다본다. 김 팀장이 설명하는 속도보다 더 빨리 보고서를 훑어보는 본부장의 모습에 김 팀장은 뭔가 아니다 싶었지만, 그래도 하던 설명을 계속한다.

회사에서 흔히 볼 수 있는 모습이다. 이미 눈치를 챘겠지만, 본부장은 주도형이고, 김 팀장은 사교형이다. 김 팀장은 자신의 유형대로 보고서를 충실하게 작성하여 자세하게 설명하는 것이 중요하다고 생각했다. 하지만 주도형인 본부장은 결론부터 짧게 말하고 설명은 필요한 부분만 덧붙이는 보고를 원했다. 설명을 길게 하고 마지막에 결론을 내는 김 팀장의 보고는 지루하고 답답하게 여겨졌다. 그래서 먼저 보고서를 재빨리 넘겨본 것이다.

성격유형검사인 DISC를 좀 더 구체적으로 알아보자.

주도형(D: Dominance)

주도형은 과업중심적이며 속도를 중시한다. 결과지향적이고 지배하기를 좋아한다. 강인한 성격과 타고난 자신감으로 추진력과 성취욕이 강하여 새로운 도전과 경쟁을 즐기며, 목표 달성을 위해 매진한다. 에둘러 말하지 않고 망설임 없이 직설적으로 표현한다. 기본적으로 좋은 리더의 자질을 가지고 있다.

이들을 표현하는 단어는 '주도적, 단도직입적, 경쟁적, 결단성, 진취성' 등이다. 나무가 아닌 숲을 보고, 지시받기보다는 지시하기를 원한다.

주도형 구성원을 코칭할 때

빠른 속도를 선호하므로 단도직입적으로 접근하는 게 좋다. 업무 중심으로 대화를 시작하고, 사례를 들어 설명하기보다는 결과에 초점을 맞춘다.

주도형은 목표지향적이어서 때로 중요 고려사항을 놓칠 수도 있으므로 미래뿐 아니라 현재도 살펴야 한다는 인식을 심어줄 필요가 있다. 또한 일을 중시하여 관계 형성에 어려움을 겪을 수 있으니 사람에 대한 배려를 강조한다.

주도형 구성원은 간결한 업무 지시를 원하고, 자신에게 권한이 주어졌을 때 흥미를 느끼고, 새로운 프로젝트나 도전적인 과제를 맡고 싶어 하므로 그에 맞게 코칭하면 기대 이상의 성과를 거둘 수 있다.

주도형 리더를 위한 코칭

자신의 속도가 아닌 구성원의 속도에 맞추는 노력이 필요하다. 구성원이 하는 말을 차분하게 들을 수 있는 경청 능력도 요구된다. 일방적으로 지시하지 말고 구성원 스스로 선택할 수 있는 환경을 조성하는 데 주의를 기울여야 한다.

코칭은 신뢰관계 구축이 무엇보다 중요하므로 구성원과의 인간적 유대감

형성에 각별히 신경을 써야 한다. 지시나 명령이 아닌 선택권을 주고, 구성원이 나와 다른 의견을 제시할 때는 적극적으로 수용해야 한다. 다름을 인정할 때 시너지가 나타난다.

사교형(I: Influence)

세상을 바라보는 시각이 낙관적이고, 주도형과 다르게 일보다 사람을 중시하는 성향이 있다. 일을 처리하는 속도는 대체로 빠른 편이며, 인정받기를 좋아한다. 새로운 것에 대한 호기심이 많고 대화와 만남을 즐긴다. 흔히 이야기꾼으로 통하기도 한다. 의욕이 넘쳐서 약속을 많이 하지만, 간혹 잘 지키지 못하는 경우가 있다. 이들이 있는 곳은 항상 왁자지껄하고 긍정의 에너지가 흐른다.

사교형을 표현하는 중심 단어는 '인간관계를 잘하는, 영감이 풍부한, 상상력이 있는, 설득력이 뛰어난, 직관적인' 등이다.

사교형 구성원을 코칭할 때

대화를 빠르고, 재미있게 시작한다. 이야기를 잘 들어주고, 중간에 적절하게 칭찬하고 인정한다.

사교형은 대체로 가볍고 즐겁게 일을 시작하지만, 마무리를 흐리는 경우가 있으므로 지속적인 팔로업이 필요하다.

세상일에 관심이 많은 사교형 구성원에게는 마감일과 과정 체크 등 업무에 집중할 수 있는 구조를 만들어주는 것이 효과적이다.

사교형 리더를 위한 코칭

뭐든지 빠른 편이므로 속도를 조절하여 구성원에게 맞추려는 노력이 필요하다. 말하기를 좋아해서 대화를 독점할 우려가 있으므로 하고 싶은 말을 아끼고, 구성원의 이야기를 경청한다. 아이디어회의를 할 때에도 혼자 주도하지 말고 구성원이 아이디어를 낼 수 있게 도와주는 역할에 힘써야 한다.

언행일치를 보여주면서 목표를 점검하고 실행을 독려하여 구성원이 성과를 내도록 지원한다.

안정형(S: Steadiness)

자기 분야의 전문가가 많고 지식이 풍부하여 주변 사람들이 곧잘 조언을 구한다. 기꺼이 도와주지만 때로 배려가 지나친 경우도 있다. 참을성이 있고, 철저하고, 포용력이 있다. 속도가 느린 편이지만 맡은 일은 끝까지 해낸다.

일보다는 사람 중심적이다. 갈등을 회피하며 편한 관계, 평화로운 분위기를 선호한다. 남 앞에 나서기를 꺼리고, 토론이나 대화에서도 말하기보다 듣기에 열중하고, 상대방의 의견이 자신과 비슷하면 이의를 제기하지 않는다. 불확실한 상황을 싫어하고, 안정적이고 예측 가능한 환경에서 일하기를 좋아한다. 주어진 업무를 수행하기 위해 다른 사람과 협력하여 더 좋은 성과를 낸다.

이들을 표현하는 중심 단어는 '믿음직한, 진지한, 안정적인, 한결같은, 공감적' 등이다.

안정형 구성원을 코칭할 때

꾸준히 페이스를 유지할 수 있게 편안한 환경을 조성해준다. 위압적인 말이나 행동은 피하고, 지지하고 인정하여 신속한 결정과 실행을 촉진한다.

안정형은 일보다 사람을 중시하므로 둘의 균형을 유지하도록 코칭한다. 다른 사람을 배려하느라 소홀하기 쉬운 자신의 욕구를 충족시킬 것을 요청한다.

안정형 구성원과 대화할 때는 우호적인 분위기부터 만든다. 최근에 어떤 일이 있었는지, 가족의 근황은 어떤지 등을 물어 친밀감을 형성하면 부드럽게 대화를 전개할 수 있다.

새로운 업무를 맡길 때는 자세한 프로세스를 알려준다. 그 일에 불안감을 느낄 수 있으므로 해소해줄 필요가 있다. 또 강압적으로 지시하거나 시간을 촉박하게 제시하면 스트레스를 받을 수 있으니 천천히 단계적으로 접근하는 것이 좋다. 업무가 조직에 어떤 도움이 되는지를 알려주는 것도 동기부여와 몰입에 도움을 준다.

안정형 리더를 위한 코칭

구성원의 목표에 대해 조금 엄격할 필요가 있다. 구성원이 자신의 페이스를 유지할 수 있도록 독려하고, 적절한 시기에 인정한다. 구성원이 의견을 제시하면 기꺼이 수용하고, 일에 몰입할 수 있게 지원한다.

신중형(C: Conscientiousness)

완벽을 추구하는 유형이다. 의사결정은 신중하고, 업무 수행은 치밀하다.

잘못과 실수를 싫어하고, 꼭 필요한 경우 외에는 말을 별로 하지 않는다.

업무 처리에 필요한 정보와 상사의 지시사항을 중시하고, 복잡한 문제를 논리적으로 분석하며, 비판적 사고로 정확성을 추구한다. 업무를 부여받으면 자신이 왜 그 일을 해야 하는지 이유를 알아야 마음이 편해진다. 이 밖에도 궁금한 것이 있으면 해소될 때까지 질문한다.

신중형의 중심 단어는 '성실함, 신중함, 간결함, 정확함' 등이다.

신중형의 구성원을 코칭할 때

충분한 시간을 갖고 대화한다. 구체적인 사실들을 공유하고 점진적인 변화를 요청한다. 처음부터 끝까지 목표에 초점을 맞추는 것이 좋다.

신중형은 다른 사람을 칭찬하는 것을 어려워한다. 업무를 효과적으로 수행하려면 다른 사람의 도움과 협업이 필요하다는 점을 일깨워 인정과 칭찬의 중요성과 방법을 알려준다.

세세한 부분에 집중하는 경향이 있으므로 크게 보는 안목을 키우는 훈련이 필요하다.

신중형 리더를 위한 코칭

철저한 업무 처리 방식은 구성원들을 의존적으로 만들 수 있다. 세부적인 부분에 너무 치중하지 말고 큰 그림을 그릴 수 있어야 한다. 신중형 리더에게 필요한 혁신적 아이디어를 가진 구성원을 수용하고 의견을 경청한다.

좋은 관계를 위해 구성원들을 인정하는 노력이 필요하며, 구성원들이 정해진 시간 내에 업무를 완수할 수 있도록 지원한다.

어떤 상사와 일할 때 편해요?: DISC 유형별 맞춤 질문

각 유형별로 라포 형성과 동기부여 그리고 몰입에 도움이 되는 질문이다.

주도형

✓ 지금 즉시 실행하고 싶은 일은 무엇인가요?

✓ 이 프로젝트의 성공에 무엇이 필요한가요?

✓ 당신이 새롭게 하고 싶은 일은 무엇인가요?

✓ 당신의 강점은 무엇인가요?

✓ 당신이 이룬 성공 사례 하나만 공유해주시겠어요?

✓ 목표를 초과 달성하기 위해서 무엇을 해야 할까요?

✓ 당신이 하고 싶은 일의 큰 그림에 대해 말해주시겠어요?

✓ 지금 당면한 문제에 대한 해결책은 무엇인가요?

사교형

✓ 어떤 상황에서 신나게 일하나요?

✓ 주변에서 당신에 대해 뭐라고 말하나요?

✓ 업무 중에 발생한 스트레스를 어떻게 푸나요?

✓ 처음 만나는 사람과는 어떻게 친해지나요?

✓ 조직에서 당신의 역할은 무엇인가요?

✓ 시간을 낭비하는 경우는 주로 어떤 것인가요?

✓ 어떤 상사와 일할 때 신이 나나요?

✓ 그 일을 제시간에 마무리하려면 어떻게 하면 좋을까요?

안정형

- 어떤 환경에서 일할 때 가장 편한가요?
- 당신을 도와줄 사람은 어떤 사람인가요?
- 여가시간을 주로 어떻게 보내나요?
- 당신의 발전을 위해 상사로부터 어떤 피드백을 받고 싶나요?
- 당신이 생각하는 효율적인 회의는 어떤 회의인가요?
- 어떤 상사와 일할 때 편한가요?
- 어떻게 하면 그 일을 잘할 수 있을까요?
- 그 일을 시간 내에 완수하려면 어떻게 해야 할까요?

신중형

- 당신의 강점은 무엇인가요?
- 어떤 환경에서 일할 때 가장 성과가 좋은가요?
- 일을 하다 모르는 영역이 나타나면 어떻게 하나요?
- 지금 당장 해결해야 할 과제는 무엇인가요?
- 위기관리는 어떻게 하나요?
- 어떤 상사와 일할 때 가장 편한가요?
- 업무 진척도를 어떻게 관리하나요?
- 자신이 변화하고 싶은 부분이 있다면 무엇인가요?

»»»

접근 방식을 달리했어야 했다: 성과 수준에 맞는 코칭법

구성원을 코칭할 때 성격유형이나 강점 못지않게 고려해야 하는 것이 구성원의 성과 수준이다. 고성과자와 저성과자 각각의 상황에 맞게 접근할 필요가 있다.

코칭에 대한 잘못된 통념이 있다. 코칭은 문제 있는 직원들을 변화시키는 방법이라는 것이다. 엄밀히 말해서 그렇지 않다. 코칭은 모든 구성원에게 도움이 되고, 자발적 동기를 가진 구성원에게 더 효과가 있다. 전체가 아닌 일부만을 대상으로 코칭해야 한다면 저성과자가 아니라 평균 이상의 동기와 역량이 있는 구성원들을 선정하는 게 낫다. 여기서 참고할 만한 사례를 소개한다.

코칭에 실패한 팀장의 실수

코칭을 배우는 팀장이 수업 과제로 5명의 팀원에게 각각 12회, 총 60회의 코칭을 실시하기로 했다. 대상이 된 팀원들은 코칭에 대한 정보나 사전 지식이 전무한 상태였다.

팀장은 먼저 5명 모두에게 코칭의 목적을 설명하고 1:1 면담을 통해 코칭을 받게 된 이유를 말해주었다. 5명 중 2명은 새로운 업무를 부여받은 상태여서 이들에게는 새로 맡은 업무에 잘 적응할 수 있게 도와주는 코칭을 진행했다.

다른 3명은 저성과자들이었다. 이들은 처음부터 코칭에 대한 거부감을 나타냈다. "코칭을 꼭 받아야 하나요?", "안 받으면 어떻게 되나요?"라며 회의적인 반응을 보였다. 그러나 팀장은 과제를 수행해야 했고, 코칭으로 변화시킬 수 있다는 기대를 갖고 있었다. 세 팀원은 마지못해 팀장의 말에 알았다고 하면서도 자신이 코칭을 받는다는 사실을 팀원들에게 알리지 말아달라고 부탁했다. 그렇게 비밀유지를 약속하고 코칭을 시작했다.

팀장은 어려움 속에서 코칭을 마무리했지만 코칭은 성공했다고 볼 수 없었다. 자신이 코칭을 받는다는 사실을 비밀로 해달라던 팀원이 코칭이 진행되면서 알려져도 괜찮다고 했지만, 전반적으로 코칭의 효과는 미흡했다.

팀장은 당시 코칭을 돌아보며 저성과자를 코칭 대상자로 선정하여 코칭에 대한 부정적 인식을 심어준 것이 실패 요인이었다고 말했다. 고성과자도 함께 코칭을 했더라면 저성과자의 저항을 해소할 수 있었을 것이다. 더구나 초보 코치라면 고성과자나 팀장과 신뢰관계가 좋은 팀원을 먼저 코칭하는 것이 저항을 해소하고 코칭의 효과성도 높일 수 있을 것이다.

그렇다면 고성과자와 저성과자의 코칭에서는 어떤 점을 고려해야 할까?

고성과자 코칭법

팀장들은 고성과자에 대해서는 코칭의 필요성을 느끼지 못하는 경우가 많다. 가만히 두어도 잘하기 때문이다. 하지만 고성과자일수록 동기를 부여하고, 관심을 갖고 코칭하여 역량 개발과 성과 향상을 지원해야 한다.

고성과자 코칭의 핵심은 인정과 동기부여, 그리고 개발 기회를 주는 것이다. 현재 잘하고 있다는 점을 충분히 인정하는 것이 중요하다. 또 지속적으로 동기를 불러일으켜 강화해주어야 한다. 팀에 꼭 필요한 존재임을 알려주고, 책임과 권한을 더 부여해준다. 현재 상태에 머물러 있지 않도록 새로운 기회를 열어주고 도전하게 하여 더 성장할 수 있게 코칭한다.

뛰어난 팀원일수록 희망하는 미래 커리어 계획을 확인하고 성장을 지원해야 한다. 자신의 비전을 실현할 수 있는 역량을 개발할 수 있도록 자기계발과 교육의 기회를 최대한 부여해줄 필요가 있다.

고성과자 코칭에서 주의할 점이 있다. 성과는 당연시하면서 사소한 잘못이나 부족한 부분을 교정하려 드는 것이다. 오히려 약점보다는 강점에 초점을 맞추어 육성하고 동기부여해야 한다. 또한 고성과자에게만 일이 몰리지 않게 조절해주어야 한다. 일을 잘한다며 더 많은 일을 맡기면 번아웃되기 쉽다.

저성과자 코칭법

저성과자를 코칭할 때 가장 조심할 점은 그의 약점에 주목하는 것이다. 그러면서 세세히 지시하고 관리하는 가운데 믿지 못한다는 신호를 보낸다. 조그만 잘못도 지적하고 바로잡으려고 한다. 문제는 그렇게 해서 변화하는 저

성과자는 없다는 것이다.

리더가 자신을 신뢰하지 않고 문제시한다는 것을 알면 저성과자는 방어적이 되어 일을 더 안 하게 된다. 이른바 '수동공격성(passive aggressiveness)'을 보인다. 일을 미루거나 안 하고, 리더를 험담하고, 회사에 대한 불평불만을 일삼는 등의 형태로 리더를 공격한다. '어차피 리더에게 인정도 받지 못하는데 적당히 하면 되지 열심히 할 필요가 뭐 있어' 하는 마음으로 생활한다.

저성과자 코칭은 어떻게 해야 할까? 우선 사람과 일을 분리해서 접근해야 한다. 성과가 낮다고 해서 사람을 무시하지 말라는 것이다. 그가 지금 성과를 내지 못하는 데는 여러 이유가 있을 수 있다. 그것을 알아보려는 노력을 우선해야 한다. 시간 관리가 안 되거나, 서류 작성 능력이 떨어지거나, 대인관계의 자신감이 부족할 수 있다. 리더는 구성원에 대한 관심과 관찰을 통해 개선할 부분을 파악하고 구체적으로 진정성 있는 피드백을 해주어야 한다. 또한 그 과정에서 존중하고, 어려움을 공감하며, 업무에 대한 자신감을 회복할 수 있도록 도와야 한다. 빨리 개선시키겠다는 조급한 마음을 버리고 열린 마음을 가져야 한다. 좋은 게 좋다는 식은 안 된다. 목표를 분명히 얘기해주고 공유해야 한다. 고쳐야 할 점은 건설적으로 제안해줄 필요가 있다. 최악은 모멸감을 주는 것이다. 일로 말해야지 인격을 논해서는 안 된다.

저성과자 코칭에서는 상대에 대한 존중과 진정성이 중요하다. 진실을 말하는 용기도 필요하다. 그렇게 대상자를 일깨워 전진할 수 있게 해야 한다.

»»»

일대일미팅을 활용한 구성원 코칭: 보스가 아닌 코치가 되어라

일대일미팅(one-on-one meeting)은 조직의 활력과 성장을 촉진하는 중요한 도구로 자리잡고 있다. 이러한 미팅은 리더와 구성원 간의 직접적인 소통을 통해 조직내의 목표와 비전을 효과적으로 공유하고, 구성원들의 개인적인 성장을 지원하는 데 중요한 역할을 한다. 이 미팅을 통해 리더는 구성원의 성과를 인정하고, 개선점을 제시하며, 개인의 목표와 조직의 목표를 일치시키는 작업을 할 수 있다.

리더들이 효과적인 일대일미팅을 통해 조직을 활성화하는 방법에 대해 살펴보자.

효과적인 일대일미팅의 구성

1. 정기적인 일정: 일대일미팅은 정기적으로 이루어져야 한다. 정기적인

일대일미팅은 직원들에게 리더의 관심과 지원을 보여주는 효과적인 방법이다. 주 1회 또는 월 1~2회, 분기 1회로 일정을 정하고, 미팅은 30분에서 1시간 이내로 진행하는 것이 일반적이다.

2. 주제 설정: 미팅 전에 주제를 사전에 공유하고, 직원들의 의견을 반영하여 미팅을 준비하는 것이 중요하다. 예를 들어 성과 평가, 경력 개발, 프로젝트 진행사항, 구성원의 고충 파악 및 상담 등이 주요 주제가 될 수 있다.
3. 사전 준비: 미팅 전에 구성원에게 미팅 주제에 대한 사전 준비를 요청한다. 이렇게 하면 직원이 미팅에 적극적으로 참여할 수 있게 도와줄 수 있다.
4. 효과적인 미팅 운영

- 성과와 피드백: 구성원의 성과 인정과 피드백을 제공하고, 개선이 필요한 부분에 대한 코칭과 멘토링을 제공한다.
- 경력개발: 장기적인 경력 목표에 대해 논의하고, 이를 달성하기 위한 구체적인 계획을 세우게 한다.
- 문제 해결 지원: 현재 진행 중인 프로젝트와 직원이 직면한 문제에 대해 논의한다. 이를 통해 리더는 구성원을 지원하고 필요한 자원을 제공할 수 있다.

5. 행동계획과 후속 조치: 미팅에서 논의된 사항에 대해 행동계획을 수립하고, 다음 미팅까지의 후속 조치를 정한다.

성공적인 일대일미팅을 위해서는 리더의 역할이 매우 중요하다. 리더는 적극적인 경청자가 되어야 하며, 구성원의 의견과 우려사항을 경청하고 이에 대한 적절한 반응과 지원을 제공해야 한다. 또한 정직하고 개방적인 소통을 통해 직원들이 자신의 의견을 자유롭게 표현할 수 있는 환경을 조성해야 한다.

리더의 관점에서 보면 일대일미팅은 구성원의 관심사와 목표, 업무를 보다 깊이 들여다보면서 구성원이 업무에서 성과를 내고 성장할 수 있도록 하는 방법이다. 일대일미팅을 하면 개인의 역량, 관심사, 성향, 태도 등이 모두 제각각이다 보니 자연스럽게 여러 구성원들과의 관계를 통해 다양한 리더십 스타일을 익힐 수 있게 된다. 이를 통해 리더는 보다 유연한 리더십을 체득할 수 있으며, 개인적인 성장을 경험하게 된다.

일대일미팅을 활용하는 기업들 가운데 가장 성공적으로 운영하는 기업으로는 구글(Google)을 들 수 있다. 구글은 성과와 구성원의 성장을 함께 달성하기 위해 OKR(Objective & Key Results)과 CFR(Conversation, Feedback, Recognition)이란 제도를 운영하고 있다. 대화(Conversation)에는 목표설정 회의, OKR Focus Meeting, 그리고 일대일미팅이 포함되어 있다. 구글은 지속적인 피드백과 개인적인 지원을 통해 구성원들의 성장과 발전을 장려하고 있으며, 개방적이고 자유로운 표현을 중시하는 조직문화를 조성하고 있다.

우리나라에서도 많은 기업이 일대일미팅을 활용하고 있지만, 성공적으로 활용하지 못하는 경우가 적지 않다. 실패 요인으로 전통적인 상하관계가 강조되는 조직문화를 들 수 있다. 이러한 조직문화 속에서는 구성원들이 솔직한 의견을 표현하기가 어려워 진정한 소통이 이루어지지 않는다.

또한 미팅이 단순한 형식에 머무르고, 실질적인 내용보다는 절차에만 집중하는 경향이 있다. 이는 리더가 일대일미팅의 진정한 의미와 중요성을 제대로 이해하지 못할 때 발생한다.

마지막으로 시간을 들 수 있다. 비효율적인 시간 관리로 미팅이 너무 자주 또는 너무 길게 진행되면 직원들이 부담을 느낄 수 있다. 일대일미팅은 보통 30분 내외로, 1시간을 넘지 않는 것이 좋다.

요약하면, 일대일미팅은 조직내에서 리더와 구성원 간에 강력한 신뢰관계를 구축하고, 조직문화를 긍정적으로 변화시키는 핵심적인 요소다. 이를 통해 리더는 구성원들의 성장을 지원하고, 조직의 목적을 효과적으로 달성하는데 필요한 동기부여와 지원을 제공할 수 있다. 따라서 리더는 일대일미팅을 효과적으로 활용함으로써 보스가 아닌 코치가 될 수 있다.

일대일미팅과 면담의 차이점

일대일미팅은 면담과 유사하지만, 리더 중심의 면담과 달리 구성원 중심으로 구성원과 리더가 함께 주제를 설정하고 대안을 찾는 방식이다. 일대일미팅은 구성원의 업무를 다양한 관점에서 들여다보고 필요한 솔루션을 찾도록 질문하고 경청하는 것이며, 이 과정에서 구성원의 성장, 커리어, 고충 등 다양한 주제를 다룰 수 있다.

대규모 조직의 일대일미팅 운영

대규모 조직의 리더는 전체 구성원과 일대일미팅을 진행하기 어려울 수 있다. 이럴 경우에는 주로 직접 보고하는 관리자나 핵심 리더들과의 일대일미팅을 우선하여, 이들이 자신의 조직에서 일대일미팅문화를 확산시키도록 격려해야 한다. 이를 통해 개인적인 관심과 직접적인 소통의 혜택을 조직 전체로 확대할 수 있다. 또한 잠재력이 높은 인재나 특별한 지원이 필요한 구성원과 별도의 일대일미팅이 필요할 수 있다. 직접적인 일대일미팅이 어려운 구성원들을 위해서는 다른 소통 채널을 활성화하는 것이 좋다. 뉴스레터, 오픈포럼, 디지털 커뮤니케이션 방법 등을 통해 리더는 조직 전체에서 의견을 수렴하고 소속감과 몰입도를 높일 수 있다.

이와 같이 일대일미팅은 조직내에서 리더와 구성원 간의 강력한 신뢰관계를 구축하고, 조직문화를 긍정적으로 변화시키는 데 큰 역할을 한다. 리더는 보스가 아닌 코치의 관점에서 구성원들의 성장을 지원하고, 조직의 목적을 효과적으로 달성하는 데 필요한 동기부여와 지원을 제공한다. 이를 통해 조직은 더 나은 성과를 달성하고 구성원은 더욱 발전할 수 있게 된다.

11장

집단지성을 꽃피우고 싶은가?

잠재력을 극대화하는 팀/그룹 코칭

팀장은 팀원들의 다양한 동기들을 적절하게 촉진시켜 조직 성과에 연결시키는 책임을 진다. 그래서 회의를 하고 워크숍을 연다. 문제 해결에 필요한 창의적인 아이디어를 이끌어내거나, 각자의 의견을 공유하거나, 갈등을 조정해야 할 때에는 팀코칭을 통하는 것이 가장 좋다. 팀코칭을 제대로 하면 집단지성으로 탁월한 해결책을 마련할 수 있다.

»»»

팀/그룹 코칭을 통해 일어나는 변화들

지금까지 다룬 코칭 프로세스와 스킬은 팀장과 팀원의 1:1 대화를 전제로 한 것이었다. 그러나 업무 현장에서는 팀장이 팀원들과 문제 해결을 위한 아이디어 도출 회의를 하거나 워크숍을 실시할 때가 적지 않은데, 이때는 일대일이 아닌 일대다의 리더십을 발휘해야 한다. 피터 호킨스는 "팀코칭은 팀원들 간의 상호 작용과 지원을 통해 팀의 성과와 개인의 발전을 이루어내는 프로세스"라고 말했다.

다수의 팀원들과 함께할 때 활용할 수 있는 팀코칭에 대해 알아보자.

비범한 결과의 비결

팀장은 팀원들의 다양한 동기를 적절하게 촉진시켜 시너지와 성과를 만들어내는 사람이다. 그 책임을 다하려면 팀원들 전체를 대상으로 리더십을 발휘해야 하는데, 이때 필요한 것이 팀코칭 역량이다.

팀코칭은 팀의 목표 성과를 달성하기 위해 전체 팀원들을 대상으로 이루어지는 코칭으로, 팀을 하나의 유기체로 보고 진행한다. 팀장이 주재하는 문제해결을 위한 아이디어 도출 회의나 워크숍이 팀코칭의 주무대가 된다.

팀회의는 목적과 필요에 따라 수시로 열린다. 경영진이 내린 의사결정이나 시장 및 고객 정보를 공유하는 회의도 있고, 팀장이 자신의 결정사항이나 팀 비전을 발표하는 회의도 있다. 새로 발생한 문제의 해결책을 찾기 위해 중지를 모으는 회의를 열 때도 있다. 팀장은 이러한 회의를 팀코칭의 기회로 활용할 수 있지만, 모든 회의를 팀코칭 방식으로 진행할 수는 없다.

팀코칭은 문제해결에 필요한 창의적 아이디어를 도출하거나, 다양한 견해들을 확인하고 공유하거나, 갈등을 조정하기 위한 회의에 적용하면 기대 이상의 결과를 만들어낼 수 있다. 피터 드러커는 "조직의 목적은 평범한 사람들이 모여 비범한 결과를 만드는 것"이라고 말했다. 그 비범한 결과가 팀코칭의 집단지성을 통해 이루어질 수 있다.

팀코칭으로 얻을 수 있는 것

팀장이 팀코칭을 문제 해결형 회의 또는 워크숍 등에 적용하면 다음과 같은 효과를 얻을 수 있다.

- 팀원들 간 협력으로 서로의 경험과 노하우를 공유하며 효과적인 팀워크를 구축할 수 있다.

- 팀원들이 편안하고 자유스러운 분위기에서 자발적으로 아이디어를 제안하고, 다양한 관점과 접근법을 통해 문제를 해결하고 성과를 개선할 수 있다.
- 회의가 불가피하게 참석해야 하는 업무의 일환이 아니라 팀원들의 견해를 이해하고 배울 수 있는 학습의 장이 되어 팀원 개발과 조직 성장에 기여한다.
- 팀원들이 솔직하고 개방적인 의견 교류로 서로를 이해하고 존중하는 문화가 형성되면서 갈등이 줄어들고 한방향 정렬과 상호 협력이 증진된다.
- 팀장 리더십이 긍정적으로 발휘되어 팀원들의 신뢰를 얻을 수 있다.

»»»

3명은 적고 12명은 많다: 역동적인 팀/그룹 코칭 설계도

팀코칭의 적정 인원과 시간

팀코칭으로 진행하는 회의는 적정 인원수가 중요하다. 참석자 수가 2~3명 정도로 적으면 상호 간 역동성이 제대로 작용하지 않고, 10명을 넘으면 팀장이 코치로서 팀원들 한 사람 한 사람에 관심을 유지하면서 집단지성을 이끌어내기가 어렵다. 팀코칭 방식을 적용하기에 적정한 인원은 4~10명 정도다. 만약 팀원 수가 이 인원을 넘어선다면 몇 개 조로 나누어 운영하거나 여러 차례에 걸쳐 순차적으로 팀코칭을 진행할 수 있다.

팀코칭 시간은 주제나 목적에 알맞게 설계하되, 결론이 피상적으로 나지 않도록 토의에 충분한 시간을 확보할 필요가 있다. 만약 1회로 끝내기 어려울 것 같으면 몇 차례로 나누어 계획해서 팀코칭을 진행할 수 있다.

집단지성을 촉진하는 팀장의 역할

팀장은 팀코칭의 전체 방향 설정과 관리에 책임을 진다. 팀원들이 자발적으로 참여하여 다른 사람의 견해를 열린 마음으로 받아들이도록 수평적 관계 설정에 주의를 기울여야 한다. 또한 아이디어 촉진자로서 팀원들이 과거의 관행이나 통념에 얽매이지 않고 마음껏 자기 생각을 꺼내 보일 수 있게 자극하고 조정하는 역할도 해야 한다.

SMART코칭모델에서 강조했듯이 팀코칭에서도 팀장과 팀원 간 신뢰가 제일 중요하다. 팀코칭의 성과를 달성하기 위해 팀장이 특별히 고려해야 할 사항은 다음과 같다.

- 팀장은 사전에 어떤 문제를 해결하고자 하는지 주제를 명확하게 설정해야 한다.
- 팀장은 코치로서 먼저 안전한 토론 분위기를 만들어야 한다. 팀원들의 어떤 견해에도 지적이나 비판을 가해서는 안 된다. 팀장이 비판하면 팀원들은 꺼내려던 의견을 거두어들이고 입을 다문다. 가급적 팀장은 모든 팀원이 적극적으로 참여할 수 있도록 의견 수렴 및 토론을 촉진하는 역할을 수행하고, 마지막에 자신의 견해를 밝히는 것이 좋다. 이미 나온 의견들을 인정하면서 이야기를 풀어가면 팀코칭에 활기가 생긴다.
- 팀코칭에 앞서 팀원들과 함께 일종의 회의 규칙인 그라운드룰(ground rule)을 만든다. 새로운 마음으로 문제해결에 적극 참여할 수 있게 만드는 룰이 필요하다. 자유로운 의사 개진과 적극적 경청, 비판·판단 금지, 휴대폰 사용 자제 등의 규칙을 함께 정한다.

- 팀코칭은 문제해결뿐 아니라 학습의 과정이기도 하므로 팀장은 팀원 각자가 내놓은 의견을 다른 팀원들 모두가 경청할 수 있게 회의를 진행한다. 또한 금방 이해하기 어려운 의견에 대해서는 그 배경을 질문하여 팀원들이 서로의 관점을 이해할 수 있도록 돕는다.
- 팀코칭이 끝난 후 코칭에서 결정한 사항은 담당자를 선정하여 실행하고 성과를 측정해서 개선이 필요한 사항은 다음 코칭에 반영한다.

팀코칭이 성공적으로 진행되면 한 사람의 의견에 자극을 받아 다른 사람의 아이디어가 기지개를 켜고 또다시 아이디어가 더해져 완성도를 높이는 고도의 집단지성이 발현된다. 팀장은 이러한 집단지성을 촉진하는 역할에 충실해야 한다.

몰입에서 성장까지:
팀/그룹 코칭 프로세스

팀코칭에서도 1:1코칭에 활용되는 경청, 인정·칭찬, 질문, 피드백 등의 스킬들이 활용된다. 그러나 다수가 참여하기 때문에 공유와 진행 과정에 특별히 신경을 써야 한다. 이를 위해 코칭을 위한 로드맵인 프로세스가 필요한데, 미리 작성하여 공유하면 팀코칭을 효율적으로 진행할 수 있고, 목적을 향해 나아가는 회의 과정을 예측할 수 있어 효과적이다.

프로세스는 진행 상황에 따라 유연하게 적용할 필요가 있다. 여기에 참고할 만한 표준 모델을 소개한다. 각 단계의 영문 첫 글자를 따서 명명한 'MIRACLE모델'이다.

MIRACLE모델

Mind Setting ❯ Ice breaking ❯ Revisit ❯ Agenda ❯ Coaching ❯ Learning ❯ Execution

Mind Setting(Miracle): 마음의 준비

코칭을 시작하기 전에 팀원들이 코칭에 몰입할 수 있게 준비하는 단계다. 팀코칭의 주제와 목적을 공유하고 필요한 자료도 구비한다. 또한 마음속의 번잡한 이슈들을 내려놓고 지금, 여기에 집중할 수 있게 한다. 코칭회의 시작에 앞서 모두가 눈을 감고 호흡명상을 통해 호흡에 집중하는 것도 좋은 방법이다.

사전 준비가 중요하다. 그래야 팀원들에게 팀코칭에 참여하는 동기를 부여할 수 있고, 얻고자 하는 결과에 대한 공감대가 형성되어 코칭이 한방향으로 전개될 수 있다.

Icebreaking(mIracle): 열린 분위기 조성

편안하고 자유로운 분위기가 참여자들의 에너지를 높인다. 열린 분위기 조성을 위해 팀장이 활용할 만한 방법으로, 많이 알려진 아이스브레이킹(ice-breaking) 기법이 있다. 최근에 있었던 기쁜 소식을 돌아가며 이야기하거나, 알고 있는 유머를 공유하거나, 칭찬할 일이 있는 사람에게 박수를 보내는 것도 좋다. 강점진단을 실시했다면 리스트를 활용하여 팀원들 개인의 강점을 공개하는 것도 에너지를 높이는 좋은 방법이다.

아이스브레이킹이 끝나면 모든 참석자가 지켜야 할 그라운드룰을 만든다. 여기에는 팀코칭에 임하는 태도, 토의 방식, 주의사항 등이 포함된다. 참석자 전원이 아이디어를 내어 함께 만드는 것이 바람직하며, 누구나 쉽게 이해하여 준수할 수 있도록 명확하고 구체적인 표현으로 룰을 만든다. 예를 들면 약속한 시간을 지킨다, 말하는 사람에게 주의를 기울여 경청한다, 상대의 견해를 비판하지 않는다, 자기 의견을 솔직하게 표현한다, 핸드폰은 무음으로 한다 등으로 정할 수 있다.

정해진 그라운드룰은 모두가 볼 수 있게 전지에 써서 회의실 벽면에 부착한다. 이와 함께 팀의 구호를 만들어 필요할 때 같이 외쳐보면 몰입과 단합을 이끌어낼 수 있다.

Revisit(miRacle): 지난 팀코칭 리뷰

팀코칭을 여러 번 나누어 진행할 때 두 번째 코칭부터는 시작 전에 짧게 지난 코칭의 내용을 돌아보는 시간을 갖는다. 어떤 대화를 나누었고, 함께 설정한 과제는 어떻게 실행되었는지 확인하고 점검한다. 이때 AAR(After Action Review) 기법을 활용할 수 있다.

첫째, 무엇을 하려고 했는가?

둘째, 결과(성과)는 어떠한가?

셋째, 계획 대비 결과의 차이와 원인은 무엇인가?

넷째, 향후 무엇을 다르게 해야 하는가?

이러한 순서로 팀장과 팀원이 질문과 대답을 교환하면서 성찰의 시간을 갖는다. 점검 결과, 제대로 실행되지 않은 부분이 있었다면 질책하지 말고 코치로서 왜 그런 차이가 생겼는지, 앞으로 어떻게 하면 계획대로 실행할 수 있는지를 질문하여 분위기를 건설적이고 미래지향적으로 이끈다.

Agenda(mirAcle): 코칭의 어젠다 선정

팀코칭에서 다룰 주제를 정하는 단계다. 이미 사전 준비 단계에서 정했을 수도 있지만, 그렇더라도 다시 한 번 오늘의 어젠다를 확인하는 것이 좋다. 어젠다의 배경이나 코칭 후 얻고자 하는 결과에 대해 이야기하다 보면 다루어야 할 어젠다가 바뀔 수도 있다. 예를 들어 매출증대 방안을 주제로 정했지만 확인 과정에서 고객 욕구의 변화를 먼저 이해하는 것이 중요하다는 인식에 도달할 수도 있다.

팀장은 팀코칭에서 궁극적으로 도달할 지점을 감안하여 주제를 결정하고 유연하게 대처한다. 중요한 것은 팀원들이 모두 주제에 집중하도록 이끄는 것이다.

Coaching(miraCle): SMART코칭모델에 따른 코칭

팀/그룹 코칭의 진행은 앞에서 숙지한 SMART코칭모델의 프로세스와 스킬을 그대로 적용하면 된다. 즉, 목표와 현재를 공유하고(Share the Goal & Reality), 목표와 현재 상태의 갭을 줄이는 대안을 탐색하며(Make Options from the Gap), 선택한 대안으로 실행계획을 세우고(Action Planning), 리뷰와 피드백(Review & Feedback)을 진행한다. 이 과정에서 열린 질문으로 팀원들이 새로운 각도에서 문제를 바라보도록 자극하고, 함께 경청하고, 인정·칭찬을 통해 자발적으로 의견을 제시할 수 있게 격려한다. 또한 적절한 피드백으로 팀원들의 인식이 전환 또는 확장하도록 고무한다.

팀장은 코칭을 진행하면서 팀원들이 경험과 생각을 나누어 상호 학습이 이루어지도록 촉진하는 역할에 주력한다. 또한 혼자 고민하지 말고 모든 과정을 팀원들과 함께 논의하여 결정한다. 그래야만 실행 단계에서 팀원들이 책임감을 가지고 스스로 실행해나갈 수 있다.

Learning(miracLe): 학습 내용 성찰

팀코칭이 지향하는 최선의 결과는 팀원들의 학습과 성장이다. 그래서 그날 팀코칭에서 배우고 느낀 것을 정리하는 성찰의 시간이 필요하다. 팀코칭이 끝나고 업무에 복귀하면 다시 바쁜 일상에 매몰되어 학습한 내용을 복습하거나 수립한 실행계획에 집중하기가 어렵기 때문이다.

성찰의 시간 후에는 스스로 정리한 것과 실행계획을 모든 팀원과 공유하는 시간을 갖는다. 이 시간에 팀원들은 자신이 미처 생각하지 못한 부분을 다른 팀원의 발표를 들으며 깨우치고, 자신의 발표를 통해 실행 의지를 한층 다지게 된다.

Execution(miraclE): 실행

실행은 팀코칭에서 합의한 실행계획을 현장에서 실행하는 단계다. 코칭의 성과는 코칭이 진행되는 코칭세션(Coaching Session)과 코칭에서 합의한 실행계획을 현업에 적용하는 실행세션(Doing Session)을 통해 만들어낸다. 실행이 성과를 낳는다. 실행 없는 성과는 없다. "전략이 잘못되어서가 아니라 실행되지 않아서 문제"라고 지적한 램 차란(Ram Charan) 하버드대 경영대학원 교수의 말처럼, 실행이 약하면 성과는 나오지 않는다.

팀장은 팀 전체와 팀원의 실행 과정을 구분하여 주기적으로 점검할 필요가 있다. 코칭일지를 매회 작성하고, 팀원들과 공유하고, 실천을 격려하면서 지속적으로 관심을 가져야 한다. 이것이 팀의 실행력을 높이는 데 결정적으로 작용한다.

다음으로 팀의 이슈를 다루는 회의나 워크숍에서 MIRACLE모델을 활용한 팀코칭 사례를 프로세스 중심으로 소개한다.

- **코칭 개요:** 팀장(코치) 및 파트리더 6명이 참가하여 현안 이슈 해결을 위한 토론
- Mind Setting(Miracle): 마음의 준비

팀장: 지금부터 호흡명상을 통해 팀코칭 참가를 위한 마음의 준비 시간을 갖도록 하겠습니다. 먼저 천천히 심호흡을 하면서 호흡할 때 가슴이 어떻게 팽창하고 수축하는지 세심하게 주의를 기울입니다. 눈은 살포시 감고, 허리는 곧게 펴고, 얼굴의 근육을 이완합니다. 다른 생각은 잠시 접어두고 호흡에 집중합니다. 처음에는 여러 가지 생각들이 떠오르며 호흡을 방해할 수 있지만 그것을 인식하고 계속해서 다시 심호흡으로 돌아오며 집중하려고 노력합니다. 3분간 심호흡을 하십시오.

(3분 경과 후) 이제 눈을 뜨시기 바랍니다.

- Icebreaking(mlracle): 열린 분위기 조성

팀장: 다음은 마음을 열고 토론에 적극 참여할 수 있도록 아이스브레이킹과 모두가 지켜야 그라운드룰을 만들겠습니다. 돌아가면서 최근에 가장 행복했던 순간을 하나씩 공유해주기로 하겠습니다.

참가자1: …→ 참가자 2:… → 참가자 3:… → 참가자 4:……

(모두가 행복한 미소와 함께 박수까지 나오며 에너지가 올라감)

팀장: 다음은 팀코칭에서 모두가 지켜야 할 그라운드룰을 만들겠습니다. 돌아가면서 의견을 제시해주시고 서기는 플립챠트에 기록해주시기 바랍니다.

참가자 1: …→ 참가자 2:… → 참가자 3:… → 참가자 4:……

팀장: 정리된 그라운드룰을 전면에 부착해주시고 팀코칭 동안 모두 준수해주시기 바랍니다.

그라운드룰

① 솔직한 의견 개진
② 균등한 대화 참여(대화 독점 금지)
③ 비판 금지
④ 인정/칭찬, 격려를 적극 실시
⑤ 휴대폰 사용하지 않기
⑥ 민감한 내용 비밀 유지

- **Revisit(miRacle): 지난 팀코칭 리뷰(코칭을 여러 번 나누어 진행하는 경우)**

팀장: 지난 코칭에서 합의한 실행계획과 실천 결과를 공유하는 시간을 갖도록 하겠습니다. 실천하면서 느낀 성공 경험과 노하우 또는 어려움을 나누어주시기 바랍니다.

참가자 1: …→ 참가자 2:… → 참가자 3:… → 참가자 4:……

(어려움에 대한 공감도 있었지만, 성공 사례에 대한 인정과 학습을 통해 전체적인 몰입도와 에너지가 올라감)

- **Agenda(mirAcle): 코칭의 어젠다 선정**

팀장: 오늘 코칭의 어젠다는 우리 팀이 시급하게 해결해야 할 이슈로서 지난주에 잠시 논의되었던 '사업 유형별 적정 직영인력 산정 방안 도출'에 대해서 토론해보고자 합니다

- **Coaching(miraCle): SMART코칭모델에 따른 코칭**

팀장: 그럼 오늘의 주제인 '사업 유형별 적정 직영인력 산정 방안 도출'에 대해서 논의해볼까요?. 먼저 오늘 회의의 목표는 변동성이 큰 시장 환경하에서 '적정인력 산정 방안에 대한 합의'를 도출하는 것으로 하겠습니다. 해당 이슈에 대해 각자의 현재 상황을 공유해주시기 바랍니다.

참가자 1: 올해 매출이 크게 증가하면서 추가 인력이 필요합니다.

참가자 2: 인력을 확보해야 하지만, 지역적 특성 때문에 채용이 어렵습니다.

참가자 3: 지금은 인력의 추가 확보가 필요하나 불황기를 고려하여 적정 인력 규모를 신중하게 판단해야 할 것 같습니다.

참가자 4, 5, 6,……

팀장: 인력을 필요로 하는 PM이 증가하고 있는데, 지금 현실이 어떤가요?

참가자 1: 올해 우리 팀의 인력가동률이 94% 이상으로, 파트리더를 제외하고 대부분의 인력이 투입되고 있습니다.

참가자 2: 작년 대비 올해는 매출이 크게 증가하고 있어 인력이 추가로 필요합니다.

팀장: 비수도권이라는 지역적 특성으로 지원자가 부족하여 신규 채용도 어려운 것 같은데 어떻게 해야 할까요?

참가자 1: 프로젝트별 계약직을 채용하여 우리가 필요로 하는 전문 역량을 갖춘 인력을 먼저 확보한다면 현재 긴급한 소요인력은 충당이 가능 할 것 같습니다.

참가자 2: 신분이 불확실한 계약직 또한 지원자가 거의 없어 효과가 적을 듯합니다.

참가자 3: 우선 섹션별로 향후에 필요한 인력을 세부적으로 확인해볼 필요가 있을 것 같습니다.

팀장: 섹션별로 필요한 인력의 기준이 있을까요? 작년처럼 또다시 불황

기가 도래할 것을 고려하면 적정인력을 채용하는 것이 필요한데 어떻게 하면 좋을까요?

참가자 1: 사업 유형별, 매출 금액별, 사업기간별 등 고려할 요소가 많아 프로젝트에 따른 적정인력을 파악하기가 쉽지 않습니다. 그동안 필요인력 산정을 여러 차례 시도해보았지만 매우 어렵습니다.

참가자 2: 지금 부족하다고 그냥 많이 채용하게 되면 사업이 축소되었을 때 다시 동료를 잃게 되는 상황이 올 수도 있으므로 신중한 검토가 필요합니다.

팀장: 현재 상황에서 우리가 필요한 인력을 산정하는 데 가장 이상적인 방법은 무엇일까요?

참가자 1: 프로젝트별로 필요한 인력 규모를 구체적으로 산정해볼 필요가 있다고 생각합니다.

참가자 2: 프로젝트별로 고려 요소들을 조금 더 세분화할 필요가 있습니다.

참가자 3: 공정별 또는 금액, 공사 유무에 따라서도 차이가 있음을 고려해야 합니다.

팀장: 최적의 필요 인력을 산정하는 방법에 대해 실행 대안을 얘기해주시죠.

참가자 1: 우선 여러 가지 변수가 있겠지만, 프로젝트별 적정 직영인력

규모를 산정해보면 스스로 인력 운영에 대해 심도 있게 검토해보는 효과가 있을 것 같습니다.

참가자 2: 프로젝트 쏠림 현상에 의해 일시적으로 인력 부족 현상이 생길 수 있는데, 파트 단위 인력을 보다 통합적으로 운영할 수 있는 부분을 찾는 것도 필요할 것으로 생각합니다.

참가자 3: 병행 업무 추진이 가능한지 여부 등 세밀한 검토도 필요합니다.

참가자 4: 결국 직원의 엔지니어링 역량 보유가 중요합니다. 신입사원이 입사해도 역량을 발휘하는 데는 장시간이 소요되므로 조기 레벨업을 위한 육성 대책도 필요합니다.

팀장: 그럼 프로젝트별 적정인력 산정을 위해 어떤 방법으로 시작하면 좋을까요?

참가자 1: 먼저, 프로젝트 수행 시 고려 요소들을 세분화해보겠습니다. 그리고 몇 가지 프로젝트 유형을 가지고 각 고려 요소에 대입하여 실제 투입인력과 계산상의 인력을 비교해보겠습니다.

참가자 2, 3, 4……

팀장: 그러면 오늘 합의한 실천할 내용들을 정리해볼까요?

참가자 1: 프로젝트별 고려 요소를 세분화해서 1차로 리뷰해보고, 기 완료한 프로젝트 샘플을 선정하여 투입인력을 비교한 결과를 가지고 차주 화요일 보고하겠습니다.

참가자 2, 3, 4……

팀장: 그러면 다음주 화요일 14시 이곳에서 섹션별 실행계획에 대한 검토 결과를 함께 점검해보기로 하겠습니다.

- Learning(miracLe): 성찰하기

팀장: 오늘 팀코칭에서 배우고, 느낀 것을 돌아가면서 공유해주시기 바랍니다.

참가자 1: 토론하면서 부족한 인력을 막연히 요청하는 것보다는 근거를 가지고 주관부서와 소통하는 것이 바람직하다는 생각을 하게 되었습니다.

참가자 2: 지시를 받아서 업무를 하기보다 리더들이 모여 토론하면서 도출한 결론으로 추진하게 되니 업무의 목적과 방향성을 명확하게 알 수 있었습니다.

참가자 3: 계속 이어지는 질문에 각자의 의견을 제시하다 보니 다소 부담이 되지만 생각을 구체화할 수 있어서 좋았습니다.

- Execution(miraclE): 실행

팀장: 오늘 논의한 내용들을 잘 검토해서 섹션별 실행계획을 만들고 다음 회의에서 확정하도록 하겠습니다. 모두 수고하셨습니다.

»»»

예기치 않은 상황에 슬기롭게 대처하는 법

지금까지 팀코칭 전반의 프로세스를 살펴보았다. 하지만 실제 업무 현장에서는 예기치 않은 상황이 언제든 발생할 수 있다. 그럴 때 팀장이 슬기롭게 대처할 수 있는 방법을 상황별로 나누어 알아보자.

팀원이 의견을 말하지 않거나 토의에 수동적일 때

해결 방안을 모색하기 위해 팀코칭을 시작했는데, 팀원들이 의견을 내지 않거나 토의에 수동적일 때가 있다. 이유는 대개 2가지다. 분위기가 안전하지 않아서이거나 실제로 아이디어가 없어서다.

긴장된 분위기는 의견 제시를 가로막는다. 괜히 말했다가 창피를 당할지 모른다는 두려움을 갖게 만든다. 라포 또는 신뢰 형성이 되지 않았기 때문이다. 팀장이 나서야 한다. 아이스브레이킹을 더 하거나 비밀유지 원칙 또는 비판 금지 조항을 상기시켜 편하게 말할 수 있는 조건을 만들어주어야 한다. 두 세 명을 한 조로 해서 조별 논의 후 발표하게 하는 것도 방법이다. 또는 특정 팀원에게 의견을 물어 이야기의 물꼬를 트게 할 수도 있다.

아이디어가 없는 경우라면 브레인스토밍 시간을 연장하여 어떤 아이디어라도 내놓을 수 있게 유도한다. 설익은 아이디어든 이상한 아이디어든 기꺼이 초대하는 것이다. 노련한 팀장이라면 답하기 쉬운 질문이나 실마리를 제공하여 자연스럽게 팀원들의 생각을 이끌어낸다.

팀코칭에 처음 참석하여 사람들 앞에서 의견 말하기를 불편해하는 팀원도 있다. 이럴 때 말문을 트게 하는 좋은 방법이 1:1 대화를 시도하는 것이다.

그렇게 대화를 나누게 한 다음 다시 전체 토의와 발표로 들어가면 더 이상 머뭇거리지 않고 능동적으로 참여하게 된다. 그리고 발표할 때 팀장이 긍정적 의도를 적극 인정해주면 팀원이 보다 편하게 자신의 생각을 표현할 수 있다.

팀원이 주제를 이해하지 못하거나 주제가 너무 모호하게 설정되어 있을 경우에도 팀원들이 적극적으로 참여하지 못할 수 있다. 이럴 때는 팀원들의 의견을 수렴하여 주제를 명확하게 설정하는 것이 좋다

팀원이 중언부언할 때

팀원이 코칭의 주제를 벗어나 말을 길게 할 때가 있다. 이때 팀장이 직설적으로 지적하면 분위기가 딱딱해질 수 있으므로 먼저 팀원의 긍정적인 의도를 읽어준 다음, "지금 말한 것을 한 문장으로 표현하면 어떻게 될까요?" 그리고 "오늘의 주제와는 어떻게 연결되나요?"라고 질문하면 대부분 알아듣고 대화

의 핵심으로 돌아온다. 또 하나의 방법은 Seed Sentence를 활용하는 것이다. 예를 들면 "성공적인 사업 추진을 위해 우선적으로 고려해야 할 3가지는 무엇인가요?"라는 질문을 통해 생각을 정리하도록 하면 효과적이다.

한두 사람이 회의를 지배할 때

한두 사람이 계속 말을 이어가면서 논의를 지배하는 경우가 있다. 이럴 때는 코칭의 진행 방식을 변경하여 모든 팀원이 참여하기 쉽게 해야 한다. 예를 들어 팀원 모두에게 차례대로 의견을 말할 기회를 주거나, 작은 그룹으로 나누어 토론하고 결과를 함께 공유하는 방법을 활용하는 것이다. 때로는 팀장이 짧게 요약해달라고 요청하거나 미리 타임 키퍼를 두어 개인별 발언 시간을 제한하는 것도 필요하다. 그래도 말을 멈추지 않으면 따로 만나서 회의에 임하는 자세를 환기시키고 책임 있게 행동하도록 코칭한다. 또한 말이 없는 팀원에게 말할 기회를 제공하는 것도 잊지 말아야 한다. 이때 모든 참석자가 적극적으로 참여한다는 그라운드룰을 상기시켜도 좋을 것이다.

부정적이거나 냉소적인 팀원이 있을 때

설정된 어젠다나 다른 팀원의 의견에 부정적 반응을 보이는 팀원이 있으면 팀코칭의 성과에 부정적인 영향을 미치므로 관리가 필요하다.

팀장은 먼저 부정적인 팀원의 의견이나 감정을 공감하고 긍정적 의도를 읽어준다. 어떤 견해에도 긍정적 의도는 있기 마련이다. 안 되는 이유만 늘어놓는 사람의 말에도 일이 잘못될까 걱정하는 마음이 숨어 있을 수 있다. 부정적 견해라고 해서 그냥 무시하거나 비판하지 말고 그 안의 긍정적 의도를 발견하여 인정해주어야 한다. 그리고 "다른 관점에서 이 문제를 본다면 어떨까요?"라고 질문하여 시각을 전환시킨다. 무의식적인 걱정이나 불안에 싸여 있을 수 있기 때문이다.

팀장이 가장 피해야 할 것은 팀원과의 논쟁이다. 논쟁은 팀코칭의 분위기를 해친다. 필요 시 팀원과 따로 만나 그의 우려와 이유를 파악하고 해결 방안을 함께 고민하며 개인적인 관계 구축으로 협조를 얻는 편이 낫다.

때로는, 부정적인 행동으로 팀의 협업을 방해한다면 행동에 대한 구체적인 피드백을 제공하고 어떻게 개선할 수 있는지 함께 논의해보아야 한다.

팀원들 사이에 갈등이 있을 때

팀원들 간의 갈등은 피해야 할 것이 아니라 풀어야 할 과제다. 조직에서 갈등이 벌어지는 것은 어쩌면 당연한 일이기에 이를 감추거나 피하지 말고 건설적으로 견해의 차이를 수용하고 직면하도록 격려한다. 서로에게 도전할 수 있는 문화를 만들되 옳고 그름의 문제가 아니고 서로 다를 수 있다는 관점을 갖도록 고무하는 것이다. 이와 함께 팀장은 갈등 상황에서 중재자 역할을 수행하여 양측의 의견을 듣고 공평하게 대우하며, 갈등의 근본적인 이유를 파악하여 보다 효과적인 제3의 해결 방안을 모색하는 것이 바람직하다.

12장

코칭은 어떻게 문화가 되는가

코칭하는 조직 만들기

피터 드러커는 "문화는 아침식사로 전략을 먹는다"고 말했다. 한마디로 문화가 매우 강력하기 때문에 문화와 맞지 않는 전략은 작동하지 않는다는 뜻이다. 코칭도 그렇다. 조직문화로 자리잡게 하는 것이 가장 강력한 효과를 발휘한다. 그런 점에서 몇 번의 교육이나 일시적인 코칭에 만족할 것이 아니라 코칭하는 조직문화를 목표로 삼아야 한다.

»»»

코칭이 살아 숨쉬는 조직, 행사로 끝나는 조직

어느 기업에서 임원들의 리더십 개발을 코칭할 때의 일이다.

후배 육성에 필요한 역량 향상을 목적으로 일대일 및 그룹 코칭을 실시했다. 그런데 기업을 방문하면서 관찰해보니 임원들에 대한 의전이 무척 까다롭고 조심스러웠다. 실무 담당자가 해당 임원과 전화나 이메일로 소통하는 것조차 어려워할 정도였고, 작은 반응에도 극도로 몸을 사리는 분위기였다. 조금이라도 책을 잡히지 않으려 애쓰는 게 느껴졌고, 자신의 생각을 표현하기보다 감추는 것이 일상화되어 있었다. 임원들은 코칭 역량을 높이겠다고 말했지만 조직의 분위기는 완전히 딴판이었다. 코칭에서는 수평적인 리더십을 발휘하자고 하는데, 환경은 매우 수직적이었다.

코치는 직감적으로 안에서의 논의만으로는 한계가 있음을 알아차렸다. 대화에서도 콘텐츠(contents)보다 콘텍스트(context)가 더 중요하듯 조직도 마찬가지다. 어떤 논의를 하느냐보다 더 중요한 것은 조직의 분위기와 문화다.

코치는 코칭 역량을 학습하기 전에 조직에서 작동하는 암묵적인 가정들이 무엇인지부터 생각해보자고 제안했다. 그게 조직문화이기 때문이다. 먼저 시작한 논의 주제는 '우리 조직에서 유능한 리더는 어떤 사람인가?'였다. 논의를 진전시켜보니 '오래 살아남는 것을 가장 중요하게 여긴다'는 것을 알게 되었다.

현실을 제대로 보아야 그다음의 가능성이 있을 수 있다. 임원들 사이에서 진솔한 이야기가 나오기 시작하면서 원래의 목적인 후배 육성을 위한 코칭 역량 강화는 뒤로 미루게 되었고, '임원들 각자의 내면에 깃든 불안감을 어떻게 해소하여 더 보람 있게 일할 것인가'를 주제로 다루게 되었다. 그러면서 코칭이 진정성 있게 나아갈 수 있었다.

코칭리더십이 살아 숨쉬려면 그에 맞는 문화를 구축하는 것을 목표로 삼아야 한다. 성장을 장려하는 문화가 있는 조직에서는 코칭의 힘이 제대로 작용하지만, 수직적이고 단기 성과만을 따지는 문화에서는 아무리 코칭을 외쳐도 결국 형식적이고 일회적 캠페인으로 끝나고 만다. 코칭이 일종의 행사나 교육, 캠페인에 머물러서는 효력이 없다.

조직문화를 바꾸어야 한다. 구성원들이 마음으로 감화되어 생각을 전환하고 자유롭게 소통할 수 있게 만들어야 한다. 그래야 코칭이 업무와 관계의 일부가 될 수 있다. 코칭문화의 목적은 성과지향적이고 소통과 피드백이 자유로운 조직을 만드는 것이다.

»»»

코칭하는 조직에는 특별한 것이 있다

조직의 변화 속도가 환경이 요구하는 변화 속도보다 느리면 결국 그 조직은 소멸해간다. 실제로 중요한 도전은 각 부서 안에서가 아니라 부서 간 관계에서 일어난다. 코칭은 개인과 팀이 조직의 더 큰 목적에 기여하도록 하는 데 목적이 있다. 그러나 이것이 조직내 개인이나 팀, 부서 단위의 코칭과 혼동되어서는 안 된다.

코칭이 해야 할 변혁적인 역할은 "한 조직을 변화시키기 위한 파트너가 되는 것으로, 모든 이해관계자들을 위해 조직의 리더십과 문화, 전략을 한방향으로 정렬함으로써 조직을 구성하는 본질과 성과, 가치를 변화시킬 수 있어야 한다."(호킨스, 2018)

조직을 바꾸는 3가지 요소

조직의 통합된 변화와 발전을 위해 꼭 필요한 3가지 요소는 전략, 리더십, 문화다. 전략의 목표는 새로운 가치를 창조하는 것이지 기존의 가치를 전유(appropriation)하는 것이 아니다. 경영학자 고샬과 모란(2005)은 전략을 프로세스의 안내에 따라 관리자들과 함께 이루는 진화의 과정으로 본다. 전략은 기업가적 판단을 확장하고 적응시키는 과정으로서 새로운 가치 창조의 기회를 추구하기 위해 개인에게 회사의 축적된 자원을 허용하는 것이다.

리더십은 리더가 무엇을 하느냐로 드러나는 것처럼 보인다. 그러나 최근에는 리더십을 리더와 구성원 사이의 관계적인 행위로 보고 있다. 리더십이 발생하는 데는 3가지 요소가 필요하다. 리더와 구성원, 함께하는 노력이다. 노력은 있지만 구성원이 없는 리더는 황야에서 외치는 소리와도 같다. 노력과 구성원은 있지만 리더가 없는 것은 열정적이지만 갈 방향을 모르는 군중과 같다. 리더와 구성원은 있지만 둘이 함께 노력하는 일이 없으면 스토킹 형태가 된다. 이러한 관점에서 보면 '리더는 타고나는가, 길러지는가'라는 오랜 논쟁은 불필요해진다.

리더십을 개발하는 것은 리더를 개발한다는 뜻이라기보다 조직의 전략적 진화를 이끌고 조직문화를 꾸준히 재생산하기 위한 리더십의 집단적 능력을 개발한다는 뜻이다.

"가치 있는 리더십은 특별한 사람에게서 나오는 것이 아니라, 자신이 아는 것을 기억하고 변화 압력 속에서 기지를 발휘하면서 미래의 일과 현재 일을 다루는 보통 사람에게서 나온다. 가치 있는 리더십은 사람들을 모으고 그들에게 가치를 부여하고 상부나 주변의 압력에서 그들을 보호하는 일상적인 일로 구성되어 있다. 리더들이, 자신이 원하는 대로 미래를 형성한다는 생각을 버리고 삶을 있는 그대로 대면할 때 가장 성공할 수 있다는 것을 보여준다. 리더는 그렇게 평범한 영웅이 된다."(윌리엄스 등, 2004)

조직문화를 바꾸려면 전략을 구사하는 리더들의 리더십 문화를 바꾸는 데서 시작해야 한다. '리딩'이 '명령'보다 더 큰 역할을 한다. 리더는 행동하는 문화를 가지고 있다.

최근에는 리더십에 대한 다른 접근법이 주목받고 있다. 서번트 리더십과 겸손, 여성적인 접근, 조용함, 사람들에 대한 돌봄, 집단적이고 분산된, 문화적 경계를 초월한 리더십이 강조된다.

'어떤 조직에 소속되어 3개월이 지나면 더 이상 이상하게 느껴지지 않는 것, 그것이 바로 조직문화'라는 말이 있다. 경영이념이나 사훈 등 겉으로 내세우는 표현이나 구호는 아무런 상관이 없다. 구성원들이 일하면서 느끼는 암묵적 관행, 추앙받거나 배척당하는 행동과 같은 문화적 규범, 대화를 주고받는 방식, 이 모든 게 조직문화의 모습이다. 에드거 샤인(Edgar H. Schein) MIT 경영대학원 교수는 조직문화를 이렇게 정의한다.

"조직 구성원이 공유하고 무의식적으로 작동하며, 기본적으로 당연하게 정의하는 더 깊은 단계의 기본 가정과 신념은 조직 자체의 관점과 환경을 형성한다."

코칭 조직문화의 5가지 비전

그렇다면 코칭하는 조직문화는 어떻게 정의할 수 있을까? 한마디로 '코칭이 조직에서 살아 숨쉬며 일상적인 일과 관계에서 코칭 접근법이 자연스럽게 활용되는 문화'라고 할 수 있다. 영국 핸리경영대학원 교수인 피터 호킨스(Peter Hawkins)는 샤인의 조직문화이론에 코칭문화를 적용하여 코칭문화가 잘 개발된 조직의 모습을 다음과 같은 비전으로 제시했다.

인공물

사훈이나 로고, 사명, 건물 등 조직이 세상에 표방하는 것으로, 의식적으로 만들어낸 이미지다. 조직이 무엇을 중시하는지를 보여준다.

▶ 코칭 조직문화의 모습: 조직의 사명과 핵심 전략에 코칭의 중요성을 선언한다. 모든 리더와 구성원의 핵심 역량으로 코칭을 내세운다.

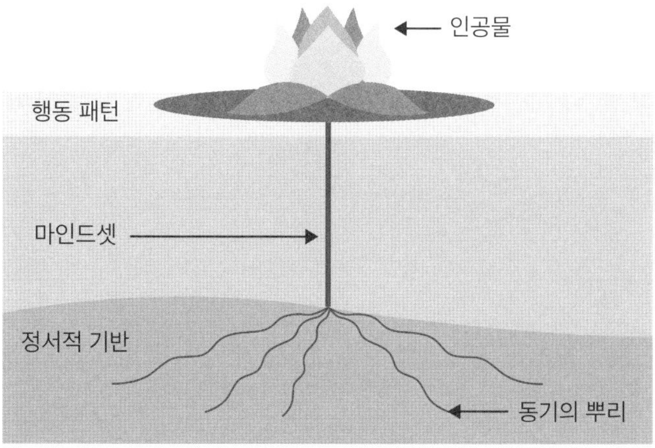

행동 패턴

처음에 조직에서 일할 때 관찰되는 관행들로, 시간이 지나면 자연스레 동조되어 당연하게 느껴지는 행동 방식이다. 구성원들이 참여하는 방식, 갈등을 다루는 방식, 자원을 분배하는 방식, 실수를 다루는 방식, 보상을 받는 방식 등이다.

▶ 코칭 조직문화의 모습: 일대일은 물론이고 전체 미팅에서도 코칭 스타일로 상대를 대한다. 문제해결이나 팀과 팀원의 지속적인 개발을 장려하는 도구로 코칭이 사용된다.

마인드셋

무엇이 좋고 나쁘게 받아들여지는지, 어떻게 하는 것이 옳고 효율적으로 인식되는지에 대한 프레임이라고 할 수 있다. 마인드가 형성되면 매번 고민하지 않고 하던 대로 계속하게 된다. 조직의 습관화된 심리적 성향 즉, 세계관이라고도 할 수 있다.

▶ 코칭 조직문화의 모습: 굳이 지시하거나 설명하지 않아도 구성원들이 코칭에 대한 믿음을 가지고 있다. 한 사람이 모든 답을 가지고 있지 않으며, 혼자의 생각보다 함께 탐구할 때 더 좋은 답에 이를 수 있다고 믿는다.

정서적 기반

공유된 원칙이나 규범, 목표와 같은 것으로 구성원들이 의사결정이나 행동을 하는 데 준거가 된다.

▶ 코칭 조직문화의 모습: 구성원들의 몰입도와 책임감, 에너지가 높다. 모든 도전을 새로운 배움의 기회로 보고, 결속된 관계에서 문제를 해결해 나간다.

동기의 뿌리

조직이 설립되고 유지되어온 동기와 가치, 이상적 목적으로, 조직을 발전시키는 데 영감을 준 열정 등이 여기에 속한다.

▶ 코칭 조직문화의 모습: 구성원들이 학습과 개발에 매진한다. 다른 구성원을 신뢰하고, 학습을 통해 나오는 그들의 잠재력을 신뢰한다.

조직내 코칭이 뿌리내리면

조직에 코칭문화가 정착되면 조직은 어떤 모습을 보이게 될까?

먼저 CEO를 비롯한 모든 리더들이 코칭을 직접 경험하고 자연스럽게 코칭리더십을 발휘한다. 코칭을 조직문화와 변화관리의 핵심 수단으로 인식하고 활용한다. 상당수의 리더들은 전문 교육을 수료하고 사내 코치로 활동하고 있다. 일을 할 때는 지시보다는 경청과 질문을 통한 코칭이 활발하게 일어난다. 일대일미팅이 활성화되어 구성원의 강점에 초점을 맞춘 강점 기반의 육성이 이루어진다.

둘째는 구성원 간에도 소통과 협업이 자연스럽게 자리 잡는다. 상호 인정과 칭찬, 감사가 생활화되고 질문과 피드백을 통해 상호 코칭과 협업의 문화가 형성된다. 갈등을 회피하기보다 자연스럽게 받아들이고 상호 윈윈할 수 있는 제3의 대안을 모색함으로써 조직 간의 시너지가 일어난다.

셋째는 일터의 대화가 능동적 탐구를 추구함으로써 문제 해결력이 획기적으로 향상된다. 구성원들이 마주앉아 중요한 질문을 던지고 의논하면서 대안을 마련함으로써 러닝 엣지에 대한 탐구가 이루어진다. 도전 과제에 대해서는 팀코칭을 통해 함께 문제를 정의하고 협력적 성찰을 통해 해결 방안을 모색한다.

넷째는 사회 정체성과 인지 다양성을 통해 다양성 포용의 문화가 자리잡게 된다. 구성원들이 내부의 시각뿐 아니라 외부의 시각에서 자신을 점검하고, 조직의 목표가 고객과 다양한 이해관계자를 고려하게 된다. 이윤극대화를 넘어 사회적 문제 해결과 행복 증진으로 확대된다.

코칭문화가 구축되면 조직에 어떤 영향을 미칠까? 세계적인 리더십 연구기관인 CCL(Center for Creative Leadership)이 조직내 코칭이 정착되었을 때 영향을 미칠 것으로 기대되는 분야를 조사했다. 그 결과, 구성원의 참여도 향상이 67%로 가장 높게 나타났고, 직무 만족과 사기 진작 62%, 협력과 팀워크 제고 58%, 전략 실행 능력 향상 52%, 퇴사율 감소 45%, 변화에 대한 적응력 향상 42% 순으로 나타났다.

코칭문화가 구축된 조직에서 일어나는 긍정적 변화는 현재 상태에서 기대하는 것 이상일 수 있다. 그러면 코칭하는 조직문화는 어떻게 만들 수 있을까?

»»»

변화와 감동의 코칭문화 구축 프로세스

이제 코칭문화의 구축은 모든 조직의 리더들에게 핵심 관심사가 되고 있다. 현재는 급변하고 미래는 불확실한 상황에서 지속적으로 발전해나가는 조직을 만들려면 구성원들의 자발성과 창의성이 절대로 필요하기 때문이다.

코칭의 일상화에 이르는 4단계

코칭 전문가 토머스 크레인은 코칭이 조직문화로 자리 잡는 과정을 4단계로 제시하고 각각의 특징을 다음과 같이 정리했다.

전통적 단계	도입 단계	문화 구축 단계	정착 단계
조직의 일부가 코칭을 알고 있음. 문제해결에 초점을 둠.	외부의 전문코치가 고용되어 리더에 대한 코칭을 시행함. (주로 특전으로서의 코칭)	리더들이 구성원들에게 어떻게 코칭 프로세스를 사용할 수 있는지 배움.	전 구성원이 조직내 코칭을 배우고 코칭 관련 툴킷을 사용함.
리더들은 자신이 코칭을 이미 잘하고 있다고 믿고 있음.	리더들이 더 나은 리더십을 개발하게 됨.	인사부서(HR)에서 전문 코칭모델을 이용함.	지원시스템이 이를 문화적으로 강화해 나감. 성공 스토리들이 만들어지는 모체와 방법론이 확립됨.
문화	부분적 코칭	부분적 코칭	전면적 코칭문화
구성원을 주먹구구식으로 다룸. 코칭이 부분적으로 활용되는 곳에서만 유용함.	외부에서 고용됨. 여전히 구성원들을 되는 대로 다룸.	톱다운 방식으로 이슈에 초점을 맞추는 코칭. 코칭받는 구성원들에게는 혜택이 됨.	모든 관계를 강화하고 팀의 성과를 최적화하는 코칭이 일상적 상호작용으로 통합됨.

전통적 단계에서는 조직의 일부에서만 코칭이 활용되며, 리더들이 구성원 코칭을 잘하고 있다고 생각한다. 도입 단계에서는 외부의 전문코치들이 코칭하지만, 일부 리더들에 대한 특전에 그칠 뿐 전체적으로 구성원들에 위한 체계적인 코칭이 없고 되는 대로 구성원들을 다룬다. 문화 구축 단계에서는 리더들이 코칭모델을 활용하여 구성원들을 코칭하며, 인사부서에서도 코칭을 이용한다. 마지막 정착 단계가 되면 모든 구성원이 코칭을 업무에 활용하며,

코칭을 통한 성공 스토리들이 나타난다. 또한 팀의 성과를 최적화하는 데 코칭이 일상적으로 작용한다.

코칭문화를 만드는 행동들

코칭문화 구축을 위해서는 조직 차원의 전략과 행동, 프로세스가 확립되어 있어야 한다. 이에 대해 CCL은 전략적 측면에서 조직의 어떤 행동들이 코칭문화 구축에 기여하는지를 조사하여 기여 정도에 따라 순위를 매겼다.

1. 팀장이 역할모델로 코칭을 진행하여 파급 효과 창출
2. 팀장과 리더들에게 코칭스킬교육 실시
3. 코칭문화의 성과를 사업 목표에 연동
4. 조직문화의 변화를 위해 고위 경영진 코칭
5. 코칭 행동을 실천하는 사람에 대한 인정과 보상
6. 코칭 접근법을 학습과 개발에 통합
7. 코칭을 직무수행 역량에 포함
8. 팀장과 리더들에게 개별코칭 제공
9. 코칭을 핵심인재관리 프로세스에 연동
10. 전 구성원에게 코칭교육 실시

코칭문화는 단기간에 정착되지 않는다. 전략적 행동들이 실현되고 축적되어 점진적으로 정착된다. 외부 전문코치의 도움을 받는 것으로 시작하여 내

부 코치 양성으로, 임원 코칭을 통한 코칭 챔피언 확보로 코칭이 조직 전체에 확산되고 적용되는 것이다.

코칭은 7단계를 거쳐 조직문화가 된다

코칭문화 정착을 위한 프로세스도 몇 가지 단계를 상정한다. 피터 호킨스는 이를 진화적 관점으로 접근하여 7단계를 제시한다.

1단계: 임원 개발을 위한 외부 코칭이 제공된다.

2단계: 조직의 인재 개발 담당자와 팀장들에게 코칭교육을 실시한다. 팀장들이 팀의 코치 역할을 수행한다.

3단계: 최고경영자를 비롯한 조직의 리더들이 코칭을 적극 옹호하고 사내에 코칭 커뮤니티가 형성되어 개발을 지속한다.

4단계: 개별 리더의 육성을 넘어 팀코칭과 조직학습으로 나아간다. 이 단계가 되면 모두가 코칭의 혜택을 인정하고, 코칭대화가 빈번하게 이루어진다.

5단계: 코칭이 인사와 성과 관리프로세스에 내재화된다. 리더들의 360도 피드백에 그들이 수행한 코칭에 대한 피드백이 포함되고, 성과 관리와 개발 면담에 코칭이 활용된다. 코칭이 조직의 성과를 평가하는 균형성과표(Balanced Score Card)의 한 부분으로 자리잡는다.

6단계: 코칭이 지배적인 리더십 스타일이 된다. 여기서부터 코칭은 업무와 분리된 독립적 활동이 아니라 일상적 활동이 되어 공식적 비공식적 관리 방법이 된다. 팀회의가 코칭 방식으로 바뀌고, 성과 검토와 갈등 해결에도 코칭이 적용된다.

7단계: 코칭이 모든 이해관계자들과 관계를 맺는 방식이 된다. 조직이 가치를 창출하는 데 코칭문화가 공헌하는 단계다. 고객과 파트너, 공급자와 서비스 이용자 등의 비즈니스 관계자들은 물론 지역사회와의 관계에서도 코칭이 작동된다.

한국의 조직들은 코칭문화가 어느 정도의 수준에 도달해 있을까? 앞서가는 조직들은 4단계나 5단계에 접어들고 있고, 아직 1~2단계에 머물러 있는 조직들도 있다.

코칭이 도입되고 적용되면서 기업들에 변화가 일고 있다. 임원들을 대상으로 했던 일대일 개인코칭은 팀장들을 대상으로 하는 팀코칭이나 그룹코칭으로 확대되며 조직문화로 자리 잡아가고 있다. 코칭을 경험한 임원이나 팀장들은 구성원들과 일대일 면담을 실시하는 것이 일상생활화되고 있다. 예전에는 리더가 구성원에게 일방적인 소통을 했다면 이제는 코칭대화를 통해 구성원들의 의견을 경청하고 각 구성원의 강점을 인정하고 격려하며 질문을 통해 공통의 목적을 달성하기 위한 방법을 함께 모색하는 것이 점점 더 자연스러운 경영활동의 일상으로 자리 잡고 있다.

한 걸음 더 나아가 외부 코치에게 도움을 받는 단계를 넘어 조직내에서 자체적으로 사내 코치를 양성하는 일도 활발히 일어나고 있다. L사는 사내 코치 양성을 위한 노력을 다년간 기울이고 있다. CEO와 C-Level, 임원들의 경우 현직에 있는 사내 코치를 활용하면 심리적 권력 격차(Power Distance)에서 오는 한계 때문에 외부 코치를 활용하지만, 조직 성과의 허리 역할을 하는 중간관리자나 구성원 대상의 코칭은 사내 코치를 양성하여 활발히 실행함으로써 코칭이 성과 달성은 물론 새로운 변화와 가치를 창출하는 조직의 문화로 뿌리내리는 데 핵심적 역할을 하고 있다.

S사는 코칭을 경험한 임원들 중 자발적으로 멘토 코치 역할을 원하는 대상들에게 사내 멘토 코치와 대화를 원하는 리더들을 연결하여 코칭을 실시하고 있다. 이를 통해 업무를 매개로 한 선배와의 멘토링 수준을 넘는 코칭대화를 나눔으로써 멘토 코치는 자신의 리더십 개발을 확장할 수 있는 장으로, 코칭을 받는 리더들은 가까이에 있는 선배들과 손쉽게 코칭대화를 나누며 그들의 어려움을 나누고 역량을 확장해나가는 기회로 활용하고 있다.

가장 큰 변화는 임원 시절 코칭을 경험한 CEO가 조직 변혁의 수단으로 코칭을 적극적으로 활용하는 사례가 증가하고 있다는 점이다. CEO는 사업뿐 아니라 조직문화 구축의 구심점이다. 이러한 CEO가 코칭에 대해 정확하게 이해하고 코칭을 제도화하고 전사적으로 확산해나갈 때 코칭은 조직 변혁의 지렛대 역할을 할 수 있게 된다.

이와 같은 움직임들은 문화 구축 단계를 넘어 정착 단계로 나아갈 수 있는 좋은 본보기가 되고 있다.

코칭의 미래 과제

일부 기업을 제외하면 코칭하는 조직문화 정착을 위해 우리 기업들이 갈 길은 아직 멀다. 그러나 코칭문화가 뿌리내린 조직은 지속적인 가치 혁신을 통해 성과를 창출하여 꾸준히 성장해나갈 것이다. 코칭이 조직을 이끌어가는 전략과 리더십 그리고 조직문화와 한방향으로 자리 잡아 조직의 성과뿐만 아니라 사회적 가치를 실현하는 조직의 존재 목적을 충실히 구현할 것이기 때문이다.

우리는 코칭하는 조직문화의 정착을 위해 다음과 같은 질문(자료: 고현숙, 비즈니스 코칭의 비전과 새로운 패러다임)을 끊임없이 고민하며 나아가야 할 것이다.

현재의 코칭 주제

✓ 고객이 진정으로 원하는 것은 무엇인가?
✓ 그것을 위해 무엇을 할 수 있을까? 관점을 바꾸면 무엇이 더 가능할까?
✓ 실행을 통해 어떻게 성장할 수 있을까?
✓ 좋은 코칭은 무엇으로 알 수 있을까?

더 탐구해야 할 코칭 주제

✓ 현재와 미래의 고객을 위해 필요한 것은 무엇인가?
✓ 이해관계자들은 고객이 코칭을 통해 무엇을 얻기를 바랄까?
✓ 미래 세대는 고객이 어떤 유산을 남기기를 바랄까?
✓ 향후 조직이 응답해야 할 질문은 무엇이고 고객의 역할은 무엇일까?

우리는 앞으로 가야 할 길에 우리가 해야 할 충분한 역할을 하고 있는지 다음과 같은 더 큰 질문을 끊임없이 던지고 고민하며 나아가야 할 것이다.

- ✓ 우리가 하고 있는 코칭은 새로운 생각을 하게 하는가?
- ✓ 체화된 학습을 제공하는가?
- ✓ 가치를 창출하고 있는가?
- ✓ 의식의 수준을 변화시킬 수 있는가?
- ✓ 세상의 변화에 맞추어 후세에 물려줄 유산이 있는가?
- ✓ 인류에 기여하고 있는가?

이와 같은 질문에 답을 찾아가며 나아가는 것은 구성원들의 변화는 물론 조직과 사회 그리고 우리 인류의 미래를 이끌어가는 길을 만들어갈 것이다. 그 길에서 분명 변화와 감동이 이어질 것이다.

모든 조직에 코칭문화가 꽃피우기를

'일생에 한 번은 고수를 만나라'는 말이 있다. 진정한 고수를 만나 배움의 지평을 넓혀본 사람이라면 충분히 공감할 수 있을 것이다. 개인적으로도 살아오면서 만난 몇 명의 고수로부터 큰 통찰과 자극을 받고 훌쩍 성장한 자신을 발견했다.

현장에서 부딪치며 쌓게 되는 실전 경험도 소중하지만, 경영의 구루나 탁월한 코치를 만났을 때 우리는 그들의 높은 가치관과 통찰을 배우고 한 단계 도약하는 것을 경험하게 된다. 이 책이 사람들에게 그러한 특별한 경험을 선사하기를 바라는 마음으로 개정판 원고를 정리했다.

코칭리더십은 구성원들이 생존 모드를 뛰어넘어 창의성, 민첩성, 개방성을 발휘하고, 성과 창출과 자아실현을 통해 지속적인 성장 모드에 진입할 수 있게 돕는다. 이는 효과적인 코칭스킬뿐 아니라 프로세스, 리더의 프레즌스가 잘 조화를 이룰 때 비로소 가능하다.

스티븐 코비 박사는《성공하는 사람들의 8번째 습관》이라는 책에서 "관리는 사람들이 해야 할 일을 하게 만드는 것이다. 리더십은 사람들이 해야 할 일을 하고 싶도록 만드는 것이다"라고 말하며, 리더의 역할을 4가지로 정의했다. 방향 설정, 한방향 정렬, 임파워링, 모범 보이기가 그것이다. 한마디로 코칭리더십을 발휘해야 한다는 뜻이다. 이를 위해 SMART코칭모델은 아주 유용한 도구가 될 수 있다. 목표 설정과 현재 분석, 대안 발굴, 실행계획 수립, 리뷰와 피드백의 프로세스를 따라가면 방향 설정과 한방향 정렬에 필요한 전략적 사고력과 실행력이 크게 향상되는 것을 경험하게 되고, 임파워링과 모범 보이기를 위한 코치형 리더의 안목과 능력을 갖추게 될 것이다.

리더에게는 구성원 개개인에 대한 코칭 못지않게 조직 전체를 활성화하여 시너지를 일으키는 일이 중요하다. 그것은 팀원들 각자의 강점에 초점을 맞추고 약점은 서로 보완될 수 있게 이끄는 리더십으로 달성할 수 있다.

과거에는 '조직은 해결해야 할 문제로 가득 차 있다'는 문제 해결식 접근이 주류를 이루었지만, 최근의 조직개발론은 '조직은 발굴해야 할 신비로 가득 차 있다'는 긍정과 강점 기반의 접근법이 힘을 얻고 있다. 구성원들의 잠재력 개발과 강점에 초점을 맞출 때 조직은 무서운 힘을 발휘한다. 스포츠 경기에서 약팀이 강팀을 격파하는 원리가 이것이다. 그래서 리더의 팀코칭이 갈수록 중요해지고 있다.

리더는 또한 리더로서 성공하는 것에서 한발 더 나아가 더 큰 리더로 성장하기 위한 준비가 필요하다. 현재의 위치보다 한두 단계 위에 서서 무슨 일을 할 것인지, 어떻게 구성원들의 자발적 몰입을 이끌어내어 전사적 최적화를 이룰 것인지를 생각하고 훈련하는 시간을 가져야 한다.

이 책은 코칭경영원의 파트너코치 10명이 각자의 전문성을 살려 최적화를 이룬 공동 작품이다. 개정판 작업에서도 코치들이 한뜻이 되어 협력하고 상호 리뷰와 피드백을 하고 토의하면서 개선을 거듭했다. 어쩌면 그 과정 자체가 강점코칭이요, 팀코칭이라고 할 수 있다. 그 속에서 우리 코치들은 한 번 더 성장했고 팀워크도 더 강화되었다. 코칭경영원 ACE코치그룹의 코치님들께 존경과 감사의 말씀을 드린다.

아울러 이 책이 성과 창출과 인재 육성이라는 두 마리 토끼를 잡기 위해 분투하는 이 땅의 모든 리더들에게 유익한 지침이 되어 조직에 코칭문화를 활짝 꽃피우는 데 도움이 되길 바란다.

갈무리하며

김병헌

참고자료

1장

4차 산업혁명과 HR의 미래연구회, 4차 산업혁명, 일과 경영을 바꾸다, 삼성경제연구소, 2018

고현숙, 결정적 순간의 리더십, 쌤앤파커스, 2017

도널드 클리프턴·톰 래스, 위대한 나의 발견 강점혁명, 청림출판, 2017

로버트 하그로브, 마스터풀 코칭, 샘앤파커스, 2015

마스다 무네아키, 지적자본론, 민음사, 2015

박창규, 임파워링하라, 넌 참 예뻐, 2015

백기복, 사례로 배우는 리더십, 국민대학교출판부, 2012

브라이언 J. 로버트슨, 홀라크라시, 흐름출판, 2015

스즈키 요시유지, 코칭력, 올림, 2015

스티븐 코비, 성공하는 사람들의 8번째 습관, 김영사, 2005

존 휘트모어, 비즈니스코칭이 기업 변화를 이끈다, 조선비즈, 2017

찰스 두히그, 1등의 습관, ALFRED, 2016

찰스 핸디, 코끼리와 벼룩, 모멘텀, 2016

클라우드 슈밥, 제4차 산업혁명, 새로운 현재, 2016

팀 패리스, 타이탄의 도구들, 토네이도, 2017

피터 호킨스·닉 스미스, 코칭, 멘토링, 컨설팅에 대한 슈퍼비전, 박영스토리, 2018

한준, 기술혁명과 리더십의 미래, SERICEO Monthly, 2018. 9

한인구 외, 직각혁신이 답이다, 매일경제신문사, 2017

John Whitmore, Coaching for Performance, Nicholas Brealey Publishing, 2017

2장

게리 콜린스, 코칭 바이블, IVP, 2011
대니얼 골먼, EQ 감성지능, 웅진지식하우스, 2008
로베르트 비스바스 디너·벤 딘, 긍정심리학 코칭, 아시아코치센터, 2009
마샬 쿡, 코칭의 기술, 지식공작소, 2003
맥스 랜즈버그, 코칭경영의 道: 맥킨지 코칭 프로그램, 푸른솔, 2017
박계홍·김종술, 변화와 혁신을 위한 리더십, 학현사, 2013
박창규, 임파워링하라, 넌 참 예뻐, 2017
백기복, 리더십 리뷰, 창민사, 2016
에노모토 히데타케, 부하의 능력을 열두 배 키워주는 마법의 코칭, 새로운 제안, 2004
우문식, 긍정심리학이란 무엇인가, 물푸레, 2017
윤정구, 진성리더십, 라온북스, 2017
이상호, 조직과 리더십, 북넷, 2013
정진우, 코칭리더십, 아시아코치센터, 2007
존 휘트모어, 성과 향상을 위한 코칭리더십, 김영사, 2007
톰 G. 크레인, 코칭의 핵심, 메타프레스, 2009

3~7장

게리 콜린스, 코칭 바이블, IVP, 2014
나가오 가즈히로, 영업의 가시화, 다산북스, 2013
로버트 하그로브, 마스터풀 코칭, 쌤앤파커스
리처드 윌리엄스, 사람을 움직이는 힘 피드백 이야기, 토네이도, 2007
백기복·서재현·구자숙·김정훈, 한국형 리더십(인사조직연구). 18(4): 33-69, 한국인사·조직학회, 2010
에이미 커디, 프레즌스, 알에이치코리아, 2016
윤정구, 진성리더십, 라온북스, 21015

잭 캔필드·피터 치, 불가능을 가능하게 만드는 코칭 파워, 매일경제신문사, 2013
지성호, Kong Lan Lan, 강영순, 임파워링 리더십과 선제적 행동의 관계에서 기본심리 욕구의 매개효과: 한국인과 중국인을 대상으로, 인적자원관리연구, 24(4): 33-60, 한국인적자원관리학회, 2017
차동옥·김상수·이정훈·방호진·문지영, 포용적 리더십이 부하의 역할 내 성과와 발언 행동에 미치는 영향에 관한 연구: 활력(Vitality)의 매개효과를 중심으로, 대한경영학회지, 26(8): 2147-2166, 2013
코칭경영원, SMART COACHING, 2018
크리스티나 워드케, 구글이 목표를 달성하는 방식 OKR, 한국경제신문, 2018
하원식·탁진국, 코칭리더십이 맥락 수행 및 창의적 행동에 미치는 영향: 조직 미덕과 학습목표 지향성의 조절효과, 한국심리학회지, 25(1): 195-213, 2012

Carole Bennett·Michelle Payne, Expanding Horizons: A Training Guide Based on the 11 International Coach Federation's Core Competencies, Kyros, 2016
Covey, S. M. R., & Merrill, R, R., The Speed of Trust: The One Thing that Changes Everything, New York: Free Press, 2006
Gao, L., Janssen, O., & Shi, K., Leader trust and employee voice: The moderating role of empowering leader behaviors, The Leadership Quarterly, 22(4): 787-798, 2011
Goleman, D., Emotional Intelligence: What Makes a Leader. Harvard Business Review, 2004
Heslin, P. A., Vandewalle, D., & Latham, G. P., Keen to help? Manager's implicit person theories and their subsequent employee coaching, Personnel Psychology, 59: 871-902, 2006
John Whitmore, Coaching for Performance, Nicholas Brealey Publishing, 2017
Kim, H. K. & Baik, K. B., The effects of Korean leadership style on members' creativity: Perceived supervisor support as a mediator, Ewha Journal of Social Sciences,

31(2): 73-103, 2015
Phillips, R., Coaching for higher performance, Management Development Review, 7(5): 19-22, 1994

8장

에이미 커디, 프레즌스, 알에이치코리아, 2016

A. Chattopadhyay, M. Wadhwa & J. Kim, Feel busy all the time, there is an upside to that, Harvard Business Review, June 2018(https://hbr.org/2018/06/feel-busy-all-the-time-theres-an-upside-to-that?utm_source=facebook&utm_campaign=hbr&utm_medium=social&fbclid=IwAR00usSaIIWbWzq5h15sGiXT_4U6_yeG8-H0 oYctGj0c7WJBved94qOn_Oo)
Bob Sullivan, Memo to work martyrs: Long hours make you less productive, CNBC, 26 Jan 2015(https://www.cnbc.com/2015/01/26/working-more-than-50-hours-makes-you-less-productive.html)
Eyal Ophir et al., Cognitive control in media multitaskers, PNAS 37: 15583-15587, 2009
Edward Hallowell,. Overloaded Circuits: Why Smart People Underperform?, Harvard Business Review, January 2005(https://hbr.org/01/overloaded-circuits-why-smart-people-underperform)
Kep Kee Loh et al., Higher Media Multi-Tasking Activity Is Associated with Smaller Gray-Matter Density in the Anterior Cingulate Cortex, PLOS, September 2014(https://doi.org/10.1371/journal.pone.0106698)
Killingsworth MA, Gilbert DT. A., Wandering Mind Is an Unhappy Mind, Science 330: 932., 2010
R. Hougaard, J. Carter & G Coutts, One Second Ahead, London UK, Palgrave Mac-

Millan: ix, 2016

9장

갤럽, 강점코칭, Gallup Inc, 2017
도널드 클리프턴, 강점에 올인하라, 솔로몬북, 2007
도널드 클리프턴·톰 래스, 위대한 나의 발견 강점혁명(Strengths Finder 2.0), 청림출판, 2017
로버트 B. 디너, 긍정심리학 코칭기술, 도서출판 물푸레, 2011
마커스 버킹엄·도널드 클리프턴, 위대한 나의 발견 강점혁명(Now Discover Your Strengths), 청림출판사, 2002
마커스 버킹엄, 스탠드아웃 강점 활용의 기술, 청림출판사, 2013

10장

김재득·권영조·김은정, 당신을 읽다, 매일경제신문사, 2015
김훈, 칼의 노래, 문학동네, 2012
메릭 로젠버그·대니얼 실버트, 사람을 읽는 힘 DISC, 베가북스, 2013
장 프랑수아 만초니, 확신의 덫, 위즈덤하우스, 2014
한국코칭센터, 코칭 클리닉, 2007
한국코칭센터, 코칭을 위한 도구 모음, 2007
홍광수, 관계, 아시아코치센터, 2017
홍광수, 기질로 읽는 내 삶의 프로파일, NCD, 2003
홍광수, 나를 찾아 떠나는 심층 여행, NCD, 2004
홍광수, 평강 코치와 온달 상무, 이가서, 2011

11장

구자호 편저, 그룹코칭 워크북, 올림, 2015

로버트 하그로브, 마스터풀 코칭, 쌤앤파커스

코칭경영원 코치시대, 그룹코칭, 올림, 2013

12장

김웅배, 사내코치를 통한 코칭문화 확산, LG인화원, 2023

질리안 존스·로 고렐, 《조직을 변화시키는 코칭문화》, 한국코칭수퍼비전아카데미, 2018

톰 G. 크레인, 코칭의 핵심, 메타프레스, 2009

피터 호킨스·닉 스미스, 코칭, 멘토링, 컨설팅에 대한 슈퍼비전, 박영스토리, 2018

Edgar H. Schein, Organizational Culture and Leadership, Jossey Bass, 1985

Ghoshal, S and Moran, P., Towards a good theory of management, in J. Birkshaw and G. Paramal (eds) Sumantra Ghosal on Management: A force for Good, London: Prentice Hall, 2005

Williams, G., Wilke, G. and Binney, G., Living Leadership: A Practical Guide for Ordinary Heroes, London: Financial Times/Prentice Hall, 2004

고현숙

국민대 경영대학 교수. 코칭경영원 대표코치. 한국의 대표적인 경영자 코치로 리더십과 코칭 분야의 전문가다. 한국의 CEO와 임원들이 '가장 조언을 듣고 싶어하는 코치'로 통하며, 삼성, LG, SK, 두산, 현대자동차, POSCO 등 대기업과 글로벌 기업, 세계은행 같은 국제기구의 고위 리더를 코칭하며 리더십 발휘와 조직 개발을 도와왔다. 한국코칭센터 대표, 한국리더십센터 사장, 한국코치협회 부회장을 역임했고, 《유쾌하게 자극하라》, 《결정적 순간의 리더십》, 《티칭하지 말고 코칭하라》 등을 썼다.

지금까지 500여 명의 코치를 양성해온 '코치들의 코치'이자 국제코치연맹의 MCC(Master Certified Coach)·갤럽인증강점코치로 활동하고 있다.

김병헌

코칭경영원 파트너코치. 34년간 LG, KB 등에서 일하며 제조업과 금융, 서비스업을 비롯한 다양한 분야를 경험했으며, 20년간 임원 및 CEO로 재직하면서 전략기획, 혁신과 변화 관리, 영업 분야에서 탁월한 성과를 올렸다. 《6시스마 혁신을 혁신하라》, 《CEO 출신 코치들의 경영자 코칭》(공저)를 집필했다.

국제코칭연맹 PCC(Professional Certified Coach)·한국코치협회 KPC(Korea Professional Coach)·갤럽인증강점코치로, 조직의 한방향 정렬과 임파워먼트, 자율적 인재 육성을 위한 임원코칭, 팀코칭, 강점 기반의 리더십코칭을 제공하며, 미래지향적 경영자들의 생각 파트너(Thinking Partner)이자 변혁촉진 파트너로서 코칭을 통한 '진정한 변화(Deep Change)'를 추구하고 있다.

김혜경

코칭경영원 파트너코치. P&G에서 인사 업무를 담당하고 볼보 건설기계 인사부장을 거쳐 맥도날드 인사상무와 GE헬스케어 인사총괄 부사장을 역임했다. HR 임원이자 사내 코치로서 글로벌 CEO와 임원 후계자를 코칭하여 경영자 승계를 지원했다. '리더십과 조직 구성원들의 창의력과 발언 행동'을 다룬 박사 논문을 미국경영학회(Academy of Management)에서 발표했고, SSCI(사회과학논문인용지수)의 〈세이지 오픈(Sage Open)〉에 소개되었다.

PCC·KPC·갤럽인증강점코치로, 인사조직과 글로벌화, 급변화·위기·변화·성과 관리 관련 자문과 리더십·여성 리더십·글로벌 역량 개발을 코칭하며 기업에서 리더십 강의를 하고 있다.

박찬구

코칭경영원 파트너코치. 기술연구소 연구원과 전략 컨설턴트로 활동하고, 도레이케미칼과 세방전지 대표이사를 지냈다. 경영자로서 조직의 분위기 활성화와 문화 개선에 특별히 심혈을 기울였고, 경영위기 극복과 M&A 실행, 합병 후 통합, 사업의 턴어라운드에 대한 풍부한 경험과 통찰력을 가지고 있다.

KAC(Korea Associate Coach)·갤럽인증강점코치로, 다양한 업종의 사업과 조직 상황을 객관적으로 이해하여 새로운 관점을 발견하도록 돕는 코칭과 멘토링을 진행하고 있다.

배재훈

코칭경영원 파트너코치, 한국코치협회 수석부회장, 우송대학교 명예총장. LG그룹에서 임원과 CEO, HMM(구 현대상선) CEO, 대학에서 부총장으로 일한 경험을 바탕으로 산업체와 대학의 상호협력활동을 꾸준히 전개했으며, 기업의 임원과 CEO를 대상으로 활발히 코칭해왔다.
PCC·KPC·갤럽인증강점코치로, 한국코치협회와 협력하여 취업준비생들에게 진로 상담코칭을 실시한 공로로 '2018년 올해의 코치상'을 수상했다.

오효성

코칭경영원 파트너코치 및 인터브랜드(Interbrand Korea) 고문. 갤럽과 한국신용정보에서 경력을 쌓고 외국계 마케팅 조사·컨설팅회사인 TNS와 IPSOS의 대표이사를 지냈다. 두 번의 M&A를 일대일코칭을 받으며 성공적으로 수행했고, 코칭리더십으로 회사를 빠르게 성장시켰다. 조직 현장에서 리더십의 중요성을 깨닫고 리더십과 코칭을 전공하여 석사와 박사 학위를 취득했다.
PCC·갤럽인증강점코치로, 알아차림(mindfulness)과 개인과 조직의 회복성(resilience)에 관심을 갖고 코칭에 적극 접목하고 있다.

유규식

코칭경영원 파트너코치. 한국리더십센터 리더십 전문교수. 34년간 포스코그룹에서 인사, 노사관계, 교육을 담당했고, 노무담당 임원으로 복수노조를 안정적으로 운영했으며, 그룹연수원 부원장을 맡아 경영 성과 향상에 큰 기여를 했다.
PCC·KPC·갤럽인증강점코치로 조직의 갈등관리와 구성원 간 신뢰 형성을 통한 동기부여와 몰입 촉진으로 시너지 제고에 뛰어난 코칭 역량을 발휘하고 있다. 사람들이 잠재력을 발휘하여 성과를 올리고 충만한 삶을 살 수 있게 지원하는 전문코치를 꿈꾼다.

윤여순

코칭경영원 파트너코치. 2000년 LG그룹 최초의 여성 임원이 되었다. LG인화원의 임원

시절, HR부문이 경영의 전략파트너(Strategic Partner)가 되면서 LG그룹의 HR과 임원들의 리더십 성장을 주도했고, LG아트센터 대표로서 경영의 지평을 넓히기도 했다.
PCC·갤럽인증강점코치로, 경영자들의 고민을 함께하며 기업의 임원과 CEO의 무한한 성장을 돕는 코치이자 파트너로 활약하면서 일하는 여성들에게 지침이 되는《우아하게 이기는 여자》를 집필했다. 유퀴즈온더블럭, EBS, 세바시15 등 다수의 미디어 출연과 강의를 통해 일하는 여성들의 멘토이자 잠재력을 일깨우는 에너자이저로 활약하고 있다.

정홍길

코칭경영원 파트너코치. 30여 년간 현대오일뱅크에서 기획 업무를 거쳐 구매 및 영업 담당 임원으로 활동했으며, 현장에서 10여 년간 액션러닝을 실행했다. 일찍부터 코칭에 관심을 갖고 조직내 코칭(Internal Coaching)을 통해 성과와 인재 육성의 두 가치를 실현하기 위해 노력했다. '코칭리더십이 직무열의에 미치는 영향'으로 박사 학위를 받았다.
PCC·KPC·갤럽인증강점코치로, CEO와 임원 코칭을 중심으로 팀코칭과 그룹코칭을 실시하고 있다. '코칭으로 세상을 아름답게 하는 것'을 사명으로 여긴다.

허남석

코칭경영원 파트너코치. 포스코 ICT 대표이사를 역임했다. 당시 '감사나눔'을 포스코그룹 전반에 확산시키는 컨트롤 타워 역할을 하면서 코칭에 입문했다. 이때의 성공 사례를 모아《행복한 리더가 행복한 일터를 만든다》(2013)를 썼고, 광양제철소장 보임 시에는 신바람 경영 사례를 소개한《강한 현장이 강한 기업을 만든다》가 '2010년 베스트셀러'에 올랐다.
PCC·KPC·갤럽인증강점코치로, 기업의 리더들을 위한 멘토이자 코치로 활약하고 있다.

코칭경영원은 리더십과 코칭 분야에서 쌓아온 풍부한 경험과 학문적 연구를 바탕으로, 주요 대기업을 비롯한 다양한 조직의 리더들이 더 나은 영향력을 발휘할 수 있도록 지원하는 코칭리더십 분야의 선도적 교육기관이다. 2011년 설립 이후 삼성전자, 포스코, 현대그룹, SK그룹, CJ그룹 등의 기업 및 기관들을 대상으로 코칭을 수행해왔다.

코칭경영원에 소속된 70여 명의 코치는 90% 이상이 국내 대기업과 글로벌 기업에서 임원 이상의 경력을 보유하고 있으며, 국제코칭연맹에서 부여하는 PCC 이상의 수준을 유지하고, 평균 1,000시간 이상의 코칭을 수행했다.

주요 코칭 프로그램인 일대일코칭, 그룹코칭을 통해 리더로서의 역할 인식 및 리더십의 변화를 지원하고 있으며, 기업과 대상자의 특성을 고려하여 맞춤형 워크숍을 진행함으로써 다수의 코치형 리더를 양성하고 있다. 신임 임원을 위한 트랜지션코칭, 서로 다른 구성원들로 이루어진 하나의 팀을 대상으로 하는 팀코칭 등 상황별로 적절한 프로그램을 적용하고 있다.

특히 업무 현장에 특화된 SMART Coaching 과정을 개발하여 사내강사 양성을 적극 지원하고 있다. 사내강사 양성은 조직에 최적화된 자체 교육을 가능하게 하여 조직의 코칭문화를 구축하는 강력한 수단이 된다.

또한 코칭경영원은 미국의 갤럽(Gallup)과 협력관계를 체결한 국내 유일의 강점코치 전문양성기관으로, 다수의 강점워크숍 운영을 통해 강점 분야의 전문성을 인정받고 있다.

- 전화: 02-540-1655
- 홈페이지: www.coachingi.com

SMART Coaching 과정 안내

SMART Coaching 과정은 (사)한국코치협회의 인증을 받은 프로그램으로, 수료 후 별도의 코칭 실습(50시간)을 채울 경우 전문코치자격(KAC)을 취득할 수 있다. 코치로서의 활동 경험, 현업에서 실행한 조직내 코칭 결과, 전문코치 양성 경력을 보유한 비즈니스코칭 전문가들의 통찰과 노하우를 집약하여 개발했다.

구분	내용
프로그램명	SMART Coaching(Coaching for Better Results)
구성	총 20시간(본 과정 16시간 + 사후 과정 4시간)
주요 내용	코칭리더십의 패러다임, SMART Coaching모델과 코칭 스킬 등
수료 기준	전체 교육시간 중 2시간 이상 결석 시 미수료
대상	• 성과 향상과 구성원 육성을 동시에 고민하는 리더 • 일반 코칭보다 조직내 코칭으로 특화된 교육을 원하는 리더 • 형식적으로 운영되는 성과 및 육성 면담을 개선하고 싶은 리더 • 기존 회의, 업무 점검, 구성원 피드백 시간에 코칭의 가치를 더하고 싶은 리더 • 비즈니스코칭의 기본을 배우고 싶은 팀장, 초급 및 중간 관리자 • 사내 코치를 양성하고 싶은 조직
진행 경력 (2023년 기준)	• LG인화원 • LG화학 • 삼성전자 • 가톨릭대학교 • 삼일회계법인 • 스타벅스 • SK아카데미 • 애경그룹 • 제주테크노파크 • 포스코 • 롯데인재개발원 • 한국선급 • 한양대학교 경영대학 • 협성대학교 • 한동대학교
문의	• 전화: 02-540-1655 • 이메일: cmi@coachingi.com • 홈페이지: www.coachingi.com